Ken
# Fisher
mit Lara Hoffmans

# Börsen-Mythen enthüllt für Anleger

Die Originalausgabe erschien unter dem Titel
The Little Book of Market Myths: How to Profit by Avoiding the Investing Mistakes Everyone Else Makes
ISBN 978-1-118-44501-3



4. Auflage 2021

Übersetzung: Egbert Neumüller
Gestaltung Cover: Johanna Wack
Gestaltung, Satz und Herstellung: Martina Köhler
Lektorat: Elke Blanek
Druck: GGP Media GmbH, Pößneck

ISBN 978-3-86470-128-3



Bibliografische Information der Deutschen Nationalbibliothek:
Die Deutsche Nationalbibliothek verzeichnet diese Publikation in der Deutschen Nationalbibliografie; detaillierte bibliografische Daten sind im Internet über <http://dnb.d-nb.de> abrufbar.

BÖRSEN MEDIEN
AKTIENGESELLSCHAFT

Postfach 1449 • 95305 Kulmbach
Tel: +49 9221 9051-0 • Fax: +49 9221 9051-4444
E-Mail: buecher@boersenmedien.de
www.boersenbuchverlag.de
www.facebook.com/plassenbuchverlage
www.instagram.com/plassen_buchverlage

# Inhalt

# Vorwort

Sich selbst infrage zu stellen ist schwierig.

Es ist sogar eines der schwierigsten Dinge, die wir tun (oder eher nicht tun). Die Leute stellen sich nicht gern selbst infrage. Wenn wir uns selbst hinterfragen, merken wir vielleicht, dass wir uns irren, was Erniedrigung und Leid mit sich bringt. Und die Menschen haben sich über Jahrtausende so entwickelt, dass sie unzählige und oft irrationale Schritte unternehmen, um bereits die Gefahr von Erniedrigung und Leid zu vermeiden.

Unseren Urahnen haben diese Instinkte wahrscheinlich dabei geholfen, nicht von wilden Tieren zerfleischt zu werden und in langen Wintern nicht zu verhungern. Aber diese tief eingeprägten Instinkte sind oft genau das Falsche, wenn es um moderne Probleme wie etwa die Kapitalmärkte geht, die häufig der Intuition widersprechen.

Ich sage oft, der Anlageerfolg besteht zu zwei Dritteln aus der Vermeidung von Fehlern und zu einem Drittel daraus, dass man etwas richtig macht. Wenn man Fehler vermeidet, kann man seine Fehlerquote senken. Allein das dürfte die Ergebnisse schon verbessern. Wenn man Fehler vermeiden und dazu noch gelegentlich etwas richtig machen kann, ist man wahrscheinlich besser als die meisten anderen. Besser als die meisten Profis!

Vielleicht meinen Sie, es sei leicht, Fehler zu vermeiden. Man braucht ja einfach keine Fehler zu machen! Aber wer macht diese schon absichtlich? Anleger machen die Fehler nicht, weil sie wissen, dass es Fehler sind. Sie machen sie, weil sie sie für kluge Entscheidungen halten. Entscheidungen, die sie schon viele Male getroffen haben und die sie bei anderen klugen Menschen gesehen haben. Sie meinen, sie würden die richtigen Entscheidungen treffen, weil sie diese nicht infrage stellen. Denn welchen Sinn hat es denn, etwas infrage zu stellen, das „jeder weiß"?

Oder etwas, das dem gesunden Menschenverstand entspricht? Oder etwas, das man von jemandem gelernt hat, der angeblich klüger ist als man selbst?

Das wäre Zeitverschwendung, oder?

Nein! Man sollte immer alles infrage stellen, was man zu wissen glaubt. Nicht nur einmal, sondern jedes Mal, wenn man eine Anlageentscheidung trifft. Das ist nicht schwer. Nun ja, jedenfalls ist es sachlich gesehen nicht schwer, aber emotional und instinktiv kann es durchaus schwer sein. Was ist das Schlimmste, was passieren kann? Sie stellen fest, dass Sie die ganze Zeit richtiglagen, und das macht Freude. Dann entsteht kein Schaden. Keine Erniedrigung!

Oder aber Sie stellen fest, Sie haben sich geirrt. Und nicht nur Sie, sondern weite Teile der Menschheit, die an eine falsche Wahrheit glauben – genau wie Sie es getan haben! Dann haben Sie einen Mythos aufgedeckt. Und wenn man feststellt, dass etwas, was man bislang für wahr hielt, in Wirklichkeit ein Mythos ist, hält einen das von einem womöglich kostspieligen (vielleicht wiederholten) Fehler ab. Das ist nicht erniedrigend, sondern schön. Und möglicherweise gewinnbringend.

Die gute Nachricht: Wenn Sie einmal angefangen haben, Fragen zu stellen, wird es immer leichter. Vielleicht glauben Sie, das sei unmöglich. Denn wenn es leicht wäre, würden es dann nicht alle tun? (Die Antwort: Nein, die meisten Menschen gehen lieber den leichten Weg, nie Fragen zu stellen und nie erniedrigt zu werden.) Aber Sie können – und sollten – alles und jedes infrage stellen. Fangen Sie mit den Dingen an, die Sie in der Zeitung lesen oder aus dem Fernsehen erfahren und die Sie einfach hinnehmen. Wenn Sie diese hinterfragen, finden Sie vielleicht eine Wahrheit, der Sie nie groß nachgeforscht haben, wenn überhaupt.

Ein Beispiel ist die fast allgemeine Überzeugung, hohe Arbeitslosigkeit sei schlecht für die Wirtschaft und für die Börse tödlich. Ich kenne niemanden, der das Gegenteil sagt – hohe Arbeitslosigkeit führe nicht in den wirtschaftlichen Untergang. Doch wie ich in Kapitel 12 zeige, ist die Arbeitslosigkeit wahrscheinlich ein später, verzögerter Indikator und deutet nicht auf die künftige Entwicklungsrichtung der Konjunktur oder der Märkte hin. Und erstaunlicherweise beginnen Rezessionen dann, wenn sich die Arbeitslosigkeit ganz oder fast in einer zyklischen Talsohle befindet, nicht umgekehrt. Die Zahlen beweisen es – und fundamental ergibt das auch einen Sinn, sobald man anfängt, wie ein Vorstandsvorsitzender zu denken (was ich in diesem Buch erkläre). Hier handelt es sich um einen Mythos, den ich anhand von Zahlen widerlege, die man ziemlich leicht aus öffentlich zugänglichen Quellen bekommt. Zahlen, die öffentlich verfügbar und leicht zu beschaffen sind! Aber da nur wenige diesen Mythos infrage stellen, kann er sich halten.

Dieses Buch behandelt einige der am weitesten verbreiteten Markt- und Wirtschaftsmythen – die regelmäßig zu einer falschen Sicht der Menschen auf die Welt und damit zu Anlagefehlern führen. Etwa, die Vereinigten Staaten hätten zu viele Schulden, die Asset Allocation sollte vom Lebensalter bestimmt werden, Aktien mit hohen Dividenden könnten ein verlässliches Renteneinkommen liefern, Stop-Losses würden tatsächlich Verluste stoppen und vieles mehr. Über vieles davon habe ich schon in früheren Büchern geschrieben, aber hier sammele ich die meines Erachtens kuriosesten Mythen. Ich behandle sie ausführlich, betrachte sie aus einem anderen Blickwinkel oder anhand aktuellerer Zahlen.

Außerdem habe ich ganz einfach deshalb schon früher über viele dieser Mythen geschrieben, weil sie so weit verbreitet sind und die Menschen so stark und irrtümlich an sie glauben. Ich nehme an, hier über sie zu schreiben, wird nicht viele (oder gar die wenigsten) von ihnen überzeugen, dass die Mythen falsch sind. Die meisten Menschen bevorzugen den leichten Weg und die Mythologie. Das ist auch in Ordnung so. Denn Ihnen ist vielleicht die Wahrheit – die Ihnen einen Vorteil verschafft – als Weg lieber, Investmententscheidungen zu vermeiden, die nicht auf solider Analyse und/oder fundamentaler Theorie basieren, sondern auf einem Mythos, den jedermann einfach so glaubt.

Jedes Kapitel des Buches ist einem Mythos gewidmet. Springen Sie hin und her! Lesen Sie sie alle oder nur diejenigen, die Sie interessieren. In beiden Fällen hoffe ich, dass Ihnen das Buch dazu verhilft, Ihre Anlageergebnisse zu verbessern, indem es Sie die Welt ein bisschen klarer sehen lässt. Und ich hoffe, die darin enthaltenen Beispiele regen Sie dazu an, selbst ein bisschen Detektivarbeit zu leisten und noch mehr Börsen-Mythen aufzudecken.

Sie werden in den Kapiteln schnell ein paar allgemeine Herangehensweisen bemerken. Diese sind sozusagen Bedienungsanleitungen für die Aufdeckung von Mythen. Zu den Taktiken, die ich immer wieder verwende, um die Mythen bloßzulegen, gehören unter anderem:

- *Einfach fragen, ob etwas wahr ist.* Das ist der erste grundlegende Schritt. Wenn Sie den nicht gehen, können Sie nicht zu den späteren Schritten übergehen.
- *Gegen die Intuition angehen.* Wenn etwas „jeder weiß“, fragen Sie sich, ob vielleicht das Gegenteil zutreffen könnte.
- *Historische Daten überprüfen.* Vielleicht sagt jeder, gerade sei XYZ passiert und das sei schlimm. Oder es wäre viel besser gewesen, wenn ABC passiert wäre. Das stimmt vielleicht,

vielleicht aber auch nicht. Sie können anhand vergangener Ereignisse überprüfen, ob XYZ zuverlässig zum Schlechten oder ABC zum Guten geführt hat. Dafür stehen Ihnen reichlich historische Daten zur Verfügung!

- *Einige einfache Korrelationen durchgehen.* Wenn alle glauben, X würde Y verursachen, können Sie überprüfen, ob das immer so ist, ob das manchmal so ist oder nie so ist.
- *Den Maßstab ändern.* Wenn eine Zahl unglaublich erschreckend und groß erscheint, stellen Sie sie in den richtigen Zusammenhang. Dann schrumpft die Angst vielleicht auf die passende Größe.
- *Global denken.* Die Menschen halten die Vereinigten Staaten häufig für eine Insel. Sind sie aber nicht – die Vereinigten Staaten werden massiv von dem beeinflusst, was außerhalb ihrer Grenzen geschieht. Und Anleger auf der ganzen Welt haben oft ähnliche Ängste, Motivationen et cetera.

Es gibt eine Menge Mythen, denen Anleger zum Opfer fallen – ich könnte sie hier niemals alle behandeln. Aber wenn man die Schönheit und Kraft des Fragens im Laufe der Zeit verinnerlichen kann, dürfte man sich von schädlichen Mythen weniger zum Narren halten lassen und bessere langfristige Ergebnisse erzielen. Legen wir also los.

# Kapitel 1

## Anleihen sind sicherer als Aktien

„Jeder weiß, dass Anleihen sicherer sind als Aktien."

Sie haben diese Aussage schon so oft gehört, dass Ihnen gar nicht in den Sinn kommt, es könne sich lohnen, sie zu überprüfen. Da den meisten Anlegern das Jahr 2008 noch frisch im Gedächtnis ist, könnte es als Sakrileg erscheinen, sie überhaupt infrage zu stellen. (Und noch eine verhaltensbedingte Eigenheit: Die Aktien sind in den Jahren 2009 und 2010 enorm gestiegen, 2011 haben sie stagniert und 2012, während ich dies schreibe, steigen sie wieder. Aber die schwachen Erträge von vor fünf Jahren nehmen in unserem Gehirn einen viel größeren drohenden Platz ein als die vier Jahre danach mit insgesamt positiven Renditen.)

Aber gerade Überzeugungen, die derart weithin, auf breiter Front und allgemein geteilt werden, erweisen sich am Ende als schlicht falsch – sogar als verdreht.

Also schießen Sie los und fragen Sie sich: „Sind Anleihen wirklich sicherer?"

Und anfangs mag es einleuchtend erscheinen, dass es sicherer ist, sich mit Anleihen abzumühen als mit Aktien, die grundsätzlich wild schwanken. Ich aber sage, die Frage, ob Anleihen sicherer sind oder nicht, hängt davon ab, was man mit „sicher" meint.

Dafür gibt es nämlich keine exakte Definition – es gibt also einen riesigen Interpretationsspielraum. Vielleicht meint eine Person mit „sicher", dass die erwartete kurzfristige Volatilität geringer ist. Keine Schwankungen! Eine andere Person meint mit „sicher" vielleicht, dass sie langfristige Ziele mit höherer Wahrscheinlichkeit erreicht – wofür eine höhere kurzfristige Volatilität nötig sein kann.

## Auch Anleihen sind volatil

Die Menschen machen oft den Fehler, zu meinen, Anleihen seien nicht volatil. Dem ist aber nicht so. Auch die Preise von Anleihen schwanken. Und ihre Preise bewegen sich entgegengesetzt zu den

Zinsen. Wenn die Zinsen steigen, fallen die Preise neulich begebener Anleihen und umgekehrt. Darum schwanken die Preise von Anleihen Jahr für Jahr nach unten und oben, wenn die Zinsen diverser Anleihekategorien nach oben und unten schwanken. Manche Anleihekategorien sind volatiler als andere, aber es kann in jedem Jahr vorkommen, dass Anleihen negative Renditen haben – sogar US-Schatzanleihen.

Aber insgesamt, als breite Kategorie betrachtet, sind Anleihen normalerweise nicht so volatil wie Aktien – *über kürzere Zeiträume.*

Das ist eine wichtige Einschränkung. *Über kürzere Zeiträume,* also etwa über ein Jahr, auch noch über fünf Jahre, sind Anleihen weniger volatil. Auch ihre erwarteten Renditen sind geringer. Aber wenn man ausschließlich das Ziel verfolgt, große Volatilität zu vermeiden, und wenn einem überlegene langfristige Renditen egal sind, stört einen das vielleicht gar nicht.

Abbildung 1.1 zeigt die durchschnittlichen Jahresrenditen und die Standardabweichung (ein gängiges Maß für die Volatilität) über rollierende 5-Jahres-Zeiträume. Sie ist in eine Auswahl von Allokationen aufgeteilt: 100 Prozent Aktien, 70 Prozent Aktien/30 Prozent Festverzinsliche, 50/50 und 100 Prozent Festverzinsliche.

Die höchste Rendite brachten 100 Prozent Aktien. Und es überrascht nicht, dass die durchschnittliche Standardabweichung bei 100 Prozent Aktien größer war als bei allen Allokationen mit Festverzinslichen – das heißt, die Aktien waren im Schnitt volatiler. Je größer der Anteil von festverzinslichen Papieren, umso geringer die Standardabweichung über rollierende 5-Jahres-Zeiträume.

Bis jetzt habe ich noch nichts geschrieben, was Sie überrascht. *Jeder weiß*, dass Aktien volatiler sind als Anleihen.

**Abb. 1.1: Zeithorizont fünf Jahre – Volatilität**

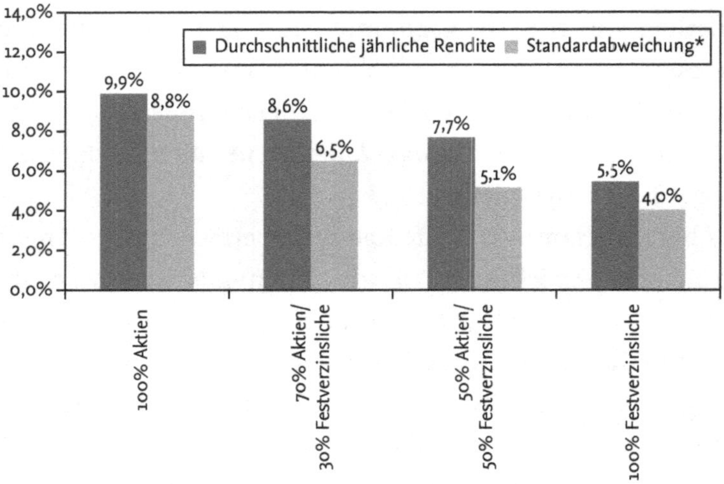


*Die Standardabweichung gibt an, wie sehr die historischen Erträge geschwankt haben. Dieses Maß wird in diesem Diagramm auf fünfjährige annualisierte rollierende Renditen angewandt.

**Quelle:** Global Financial Data, Inc., Stand 22.06.2012. US 10-Year Government Bond Index, S&P 500 Total Return Index, durchschnittliche Rendite über rollierende 5-Jahres-Zeiträume vom 31.12.1925 bis zum 31.12.2011.[1]

# Aktien sind weniger volatil als Anleihen?

Aber lesen Sie weiter – wenn man den Betrachtungszeitraum verlängert, passiert nämlich etwas. Abbildung 1.2 zeigt das Gleiche wie Abbildung 1.1, nur über rollierende 20-Jahres-Zeiträume. Dadurch sinkt die Standardabweichung für 100 Prozent Aktien erheblich und ist fast mit derjenigen von 100 Prozent Festverzinslichen identisch. Die Renditen von Aktien sind immer noch besser – *aber bei geringerer historischer Volatilität.*

**Abb. 1.2: Zeithorizont 20 Jahre – Volatilität**

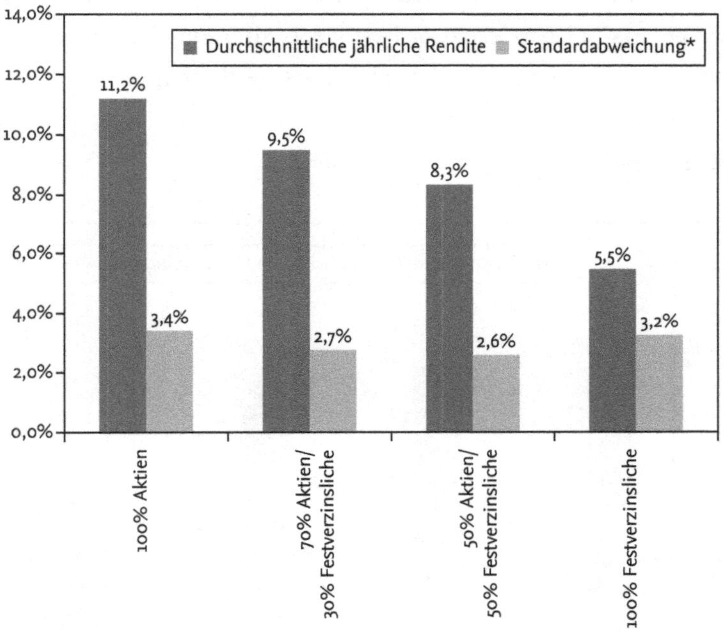


*Die Standardabweichung gibt an, wie sehr die historischen Erträge geschwankt haben. Dieses Maß wird in diesem Diagramm auf 20-jährige annualisierte rollierende Renditen angewandt.

**Quelle:** Global Financial Data, Inc., Stand 22.06.2012. US 10-Year Government Bond Index, S&P 500 Total Return Index, durchschnittliche Rendite über rollierende 20-Jahres-Zeiträume vom 31.12.1925 bis zum 31.12.2011.[2]

Über 30-Jahres-Zeiträume wird das noch ausgeprägter – wie Sie in Abbildung 1.3 sehen können. (Wenn Sie meinen, 30 Jahre wären ein viel zu langer Anlagehorizont, siehe Kapitel 2. Die Anleger gehen üblicherweise von einem zu kurzen Zeithorizont aus – aber 30 Jahre sind für die meisten Leser dieses Buches nicht unvernünftig.) Über rollierende 30-Jahres-Zeiträume ist die durchschnittliche Standardabweichung bei 100 Prozent Aktien *geringer* als bei 100 Prozent Festverzinslichen. Die Aktien waren *halb* so volatil, brachten aber eine bessere Rendite!

**Abb. 1.3: Zeithorizont 30 Jahre – Volatilität**

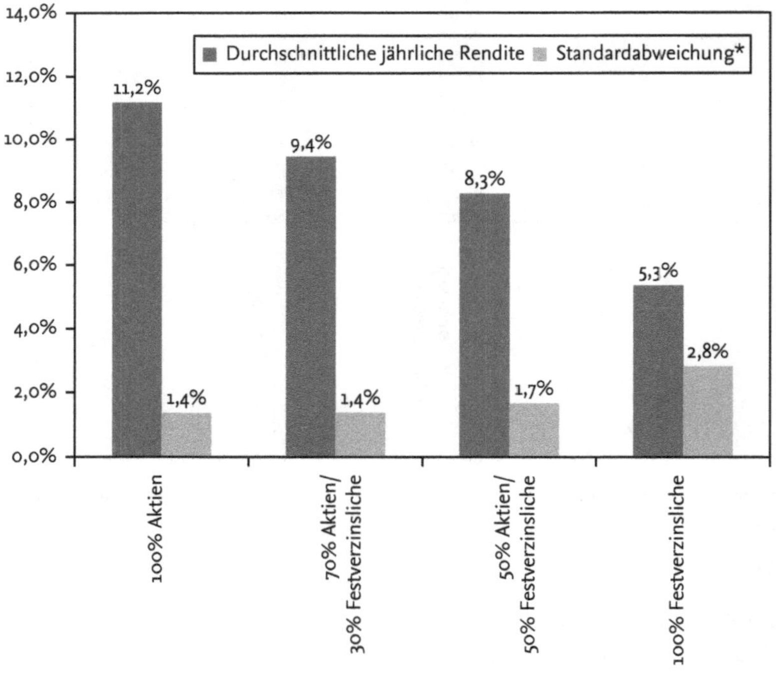


*Die Standardabweichung gibt an, wie sehr die historischen Erträge geschwankt haben. Dieses Maß wird in diesem Diagramm auf 30-jährige annualisierte rollierende Renditen angewandt.

**Quelle:** Global Financial Data, Inc., Stand 22.06.2012. US 10-Year Government Bond Index, S&P 500 Total Return Index, durchschnittliche Rendite über rollierende 30-Jahres-Zeiträume vom 31.12.1925 bis zum 31.12.2011.[3]

Von Tag zu Tag, von Monat zu Monat und von Jahr zu Jahr machen Aktien gewaltige Schwankungen durch – oft viel mehr als Anleihen. Das kann eine harte emotionale Erfahrung sein – aber diese höhere kurzfristige Volatilität sollte Sie nicht überraschen. Die Finanztheorie besagt, dass es so sein muss. Damit man die gegenüber Festverzinslichen höhere Rendite von Aktien erhält, muss man ein höheres Maß an kurzfristiger Volatilität in Kauf nehmen. Wenn Aktien im Schnitt Jahr für Jahr weniger volatil wären, dann wären wahrscheinlich auch ihre Renditen niedriger. Wie die von Anleihen!

Aber wenn man den Aktien ein bisschen mehr Zeit lässt, lösen sich die wilden monatlichen und jährlichen Schwankungen in eine stetigere und beständigere Aufwärts-Volatilität auf. Ja, die Volatilität geht in beide Richtungen. Sie bekommen das wahrscheinlich nicht so oft zu hören (wenn überhaupt), aber *die Zahlen beweisen, dass Aktien über längere Zeiträume weniger volatil als Anleihen sind* – und dies bei höheren Renditen.

## Schuld ist die Evolution

Wenn dem so ist, warum haben dann so viele Anleger Angst vor Aktien? Ganz einfach: Die Evolution ist schuld.

Die *Neue Erwartungstheorie*, eine nobelpreisgekrönte Finanz-Verhaltenstheorie, erbringt den Beweis, dass Anleger den Schmerz eines Verlusts doppelt so intensiv empfinden, wie sie die Freude über einen Gewinn genießen. In unserem Gehirn hinterlässt eine Gefahr (oder eine vermeintliche Gefahr) also einen größeren Eindruck als die Aussicht auf Sicherheit.

Unseren Urahnen leistete diese evolutionsbedingte Reaktion zweifellos gute Dienste. Menschen, die sich von Natur aus ständig Sorgen machten, sie könnten von Säbelzahntigern angegriffen werden, waren wahrscheinlich besser dran als ihre eher gleichgültigen Kollegen. (Die beste Art, einen Kampf gegen einen Säbelzahntiger zu gewinnen, ist, sich auf keinen einzulassen.) Und diejenigen, die übermäßig Angst vor dem nächsten Winter hatten, bereiteten sich wahrscheinlich besser darauf vor und liefen weniger Gefahr, zu erfrieren und/oder zu verhungern. Daher gaben sie ihre umsichtigen Gene erfolgreicher weiter. Wenn man hingegen von künftigen angenehmen Dingen oder von der Abwesenheit von Erfrierungsgefahr besessen war, trug das nicht wirklich etwas zur Verbreitung der Art bei.

Und unsere grundlegenden Hirnfunktionen haben sich in dem evolutionären Wimpernschlag, der seither vergangen ist, nicht so sehr verändert. Deshalb fühlt sich für US-amerikanische Anleger ein Portfolioverlust von zehn Prozent genauso schlecht an, wie sich ein Gewinn von 25 Prozent gut anfühlt. (Europäische Anleger empfinden den Schmerz eines Verlusts sogar noch intensiver.)

## Aktien stehen meistens im Plus

Und was hat das mit der gängigen Fehlauffassung zu tun, die Aktien stünden immer schwer im Minus? Abbildung 1.4 zeigt, wie oft Aktien über verschiedene Zeiträume gesehen positiv beziehungsweise negativ sind. Auf Tagesbasis ist die Wahrscheinlichkeit, dass Aktien positiv sind, nur ein bisschen größer als bei einem Münzwurf. Und negative Tage kommen tendenziell geballt. Positive Tage aber auch! Doch weil wir uns der Gefahren übertrieben bewusst sind, nehmen die negativen Ballungen in unserem Gehirn einen größeren Platz ein, auch wenn das nicht der Realität entspricht.

Vom Verhalten her kann es sehr schwer sein, nicht so kurzfristig zu denken. Aber wenn man seinen Beobachtungszeitraum nur ein bisschen verlängern kann, stehen die Chancen gut, dass die Aktien

**Abb. 1.4: Die historische Häufigkeit positiver Aktienrenditen**

| | Anzahl der Perioden | | | Prozent der Perioden | |
|---|---|---|---|---|---|
| | Positiv | Negativ | Gesamt | Positiv | Negativ |
| Tagesrenditen* | 11.526 | 10.224 | 21.750 | 53% | 47% |
| Kalendermonat-Renditen | 640 | 391 | 1031 | 62,1% | 37,9% |
| Kalenderquartal-Renditen | 233 | 110 | 343 | 67,9% | 32,1% |
| Kalenderjahr-Renditen | 61 | 24 | 85 | 71,8% | 28,2% |
| Rollierende 1-Jahres-Renditen | 747 | 273 | 1.020 | 73,2% | 26,8% |
| Rollierende 5-Jahres-Renditen** | 843 | 129 | 972 | 86,7% | 13,3% |
| Rollierende 10-Jahres-Renditen** | 858 | 54 | 912 | 94,1% | 5,9% |
| Rollierende 20-Jahres-Renditen** | 792 | 0 | 792 | 100% | 0,00% |
| Rollierende 25-Jahres-Renditen** | 732 | 0 | 732 | 100% | 0,00% |

*Die Zahlen zu den Tagesrenditen beginnen am 01.01.1928 und basieren nur auf Kursgewinnen. Alle anderen Zahlen beginnen am 31.01.1926 und geben die Gesamtrendite wieder.

**Monatlich bestimmt.

**Quelle:** Global Financial Data, Inc., Stand 27.06.2012, S&P Total Return Index vom 31.01.1926 bis zum 31.12.2011.[4]

positiv sind. Historisch gesehen entwickeln sich Aktien in 62 Prozent der Kalendermonate positiv – allerdings gibt es auch hier Ballungen. Rollierende 12-Monats-Zeiträume sind in 73,2 Prozent der Fälle positiv. Und trotzdem hyperventilieren die Medienschlagzeilen und die Gelehrten, als würde hinter jeder Ecke ein Bär lauern. Eigentlich sollten sie mehr Angst haben, dass sie Anstiege des Marktes verpassen (siehe Kapitel 3), aber das kommt uns nicht von

Natur aus ins Gehirn – welches sich von dem Höhlenmenschengehirn unserer Urahnen nicht allzu sehr unterscheidet.

Die Geschichte ist da eindeutig – durchschnittlich stehen Aktien in der Mehrzahl der Fälle im Plus. Und über längere Zeiträume, also über 20 Jahre und mehr, sind sie in Wirklichkeit *weniger* volatil als Anleihen. Es kann schwierig sein, fest verwurzeltes Verhalten zu überwinden und so zu denken, aber wenn man es kann, fällt die langfristige Belohnung durch Aktien wahrscheinlich besser aus als durch Anleihen (natürlich nur, wenn man ein gut diversifiziertes Portfolio hat).

## Aktien sind positiv – und schlagen Anleihen um Längen

Aber manchen Leuten fällt es einfach schwer, gegen Jahrtausende kognitiver Evolution anzukämpfen und nicht mehr zu denken: „Was, wenn?“ Was, wenn sich die Aktien über die Wahrscheinlichkeiten hinwegsetzen und demnächst fürchterlich schlecht laufen? Sehen wir uns einfach an, wie die Chancen dafür stehen.

Bei der Geldanlage geht es um Wahrscheinlichkeiten, nicht um Gewissheiten, denn bei der Geldanlage gibt es keine Gewissheiten – nicht einmal bei Schatzanleihen, denn auch die können im jeweiligen Jahr an Wert verlieren. Man muss die Wahrscheinlichkeit der möglichen Ausgänge anhand der Geschichte, der grundlegenden wirtschaftlichen Fundamentaldaten und seines Wissens über die gegenwärtigen Bedingungen einschätzen.

Die Wahrscheinlichkeit besagt, dass Aktien bei einem langen Zeithorizont wahrscheinlich eine bessere Performance bringen als Anleihen. Aber wenn sie es nicht tun? Seit 1926 (seit diesem Zeitpunkt haben wir für die Vereinigten Staaten sehr gute Zahlen, die man als brauchbare Näherungswerte für die weltweiten Aktienmärkte verwenden kann) hat es 67 rollierende 20-Jahres-Zeiträume gegeben. In 65 davon (97 Prozent) haben die Aktien die Anleihen geschlagen. Über 20 Jahre betrachtet haben Aktien im Schnitt 881 Prozent eingebracht, Anleihen nur 247 Prozent – also schlagen die Aktien die Anleihen im Verhältnis 3,6 zu 1.[5] Das ist verflixt gut! Wenn hingegen die Anleihen einmal die Aktien geschlagen haben, dann im Durchschnitt nur im Verhältnis 1,1 zu 1 – und auch dann waren die Aktien noch positiv: Sie lieferten im Schnitt 243 Prozent und die Anleihen 262 Prozent.[6]

In Las Vegas ist die potenzielle Ausschüttung umso größer, je geringer die Wahrscheinlichkeit eines Gewinns ist. Doch die Entscheidung, ob Aktien oder Anleihen, funktioniert normalerweise umgekehrt. (Das ist ein weiterer Grund, weshalb Menschen, die die Geldanlage mit Glücksspiel vergleichen, weit danebenliegen.) Übrigens haben die Anleihen die Aktien über rollierende 30-Jahres-Zeiträume noch nie geschlagen. Aktien brachten im Schnitt eine Gesamtrendite von 2.428 Prozent und Anleihen nur 550 Prozent – eine Outperformance im Verhältnis 4,5 zu 1.[7]

Also stimmt es durchaus, dass Anleihen über kürzere Zeiträume eine wesentlich niedrigere Volatilität haben. Manche Menschen könnten das auch als „sicher" bezeichnen. Aber wenn man das Ziel hat, über lange Zeiträume höhere Renditen zu generieren, damit man mit höherer Wahrscheinlichkeit seine Ziele erreicht, ist die geringere kurzfristige Volatilität von Anleihen vielleicht weniger geeignet. Und wenn man 20 oder 30 Jahre später feststellt, dass das Portfolio nicht genug gewachsen ist, um die Ziele zu erreichen, fühlt man sich vielleicht nicht mehr so sicher – vor allem da die Aktien über diesen längeren Zeitraum im Schnitt wahrscheinlich weniger volatil sind.

## Die Aktienentwicklung

Die Zahlen und die Geschichte beweisen, dass Aktien bisher bessere langfristige Renditen aufweisen. Es gibt aber noch einen zusätzlichen Grund für die Überzeugung, dass Aktien auch in Zukunft über längere Zeiträume höhere Renditen bringen werden: Aktien entwickeln sich.

Aktien sind ein Stückchen Eigentum an einer Firma. Zusammengenommen stellen Aktien das kollektive Wissen der Unternehmenswelt dar. Und sie stellen die Verheißung künftiger technischer Fortschritte sowie künftiger Profite aufgrund dieser Innovationen dar.

Unternehmen und somit auch Aktien passen sich an. Manche Unternehmen überleben nicht. Sie machen Bankrott – werden aber durch etwas Neueres, Besseres und Effizienteres ersetzt. Hier ist dann die schöpferische Zerstörung am Werk, eine mächtige Kraft, die zum Wohl der Gesellschaft beiträgt.

Und Firmen werden immer motiviert sein, nach künftigen Gewinnen zu streben. Welche Probleme sich uns auch in den Weg stellen mögen – Energie, Nahrungsmittel, Wasser, Krankheiten –, irgendjemand (einer oder viele) wird Möglichkeiten finden, bereits erfolgte Innovationen so zusammenzubringen, dass sie etwas Neues hervorbringen, um dadurch eventuell auftretende Probleme zu lösen oder zumindest stark zu mildern.

Woher man das wissen kann? Weil es einfach schon immer so war.

Im Jahr 1798 sagte der Pfarrer Thomas Malthus voraus, die Nahrungsmittelerzeugung werde bald ihren Höhepunkt erreichen – in seinem (eher fantasielosen) Geist gab es einfach keine Möglichkeit, wie die Welt genug produzieren könnte, um mehr als eine Milliarde Menschen zu ernähren. Die Auffassung eines

„grenzenlosen Fortschritts“ in der Nahrungsmittelproduktion lehnte er unverblümt ab.

Und trotzdem ist sechs Milliarden Menschen später in einem großen Teil der entwickelten Welt die Fettleibigkeit das größere Problem. Es stimmt schon, dass in manchen Entwicklungsländern der Hunger immer noch ein Problem ist. Aber das ist fast ausschließlich eine Frage schlechter Regierungsführung. Die Welt hat mehr als genug zu essen – wir brauchen einfach mehr Freiheit und Demokratie, damit die armen, unterdrückten Nationen sich zur Verteilung der Lebensmittel nicht mehr auf korrupte Regierungen und ihre versagende Infrastruktur verlassen müssen.

Immer wieder werden Menschen, die düstere langfristige Prognosen abgeben, widerlegt, weil sie von fehlerhaften Annahmen ausgehen, welche künftige Innovationen und die Macht des Gewinnstrebens ignorieren. Meine Lieblingsvorhersage ist die des Mannes, der 1894 prophezeite, Londons wachsende Bevölkerung und Industrie werde so viele Pferdestärken benötigen, dass London bis 1950 neun Fuß hoch mit Dung bedeckt sein würde![8]

Wie um alles in der Welt hätte er die revolutionäre Wirkung des Verbrennungsmotors vorhersagen können, der von Pferden gezogene Transportmittel schon bald zu einem verblassenden Überbleibsel machen würde? Das hätte er wohl nicht gekonnt, aber er hätte mehr Vertrauen in die Wandlungskraft haben können, welche von Menschen entfesselt wird, die eifrig Profiten nachjagen.

Das 1968 sehr populäre Buch „Die Bevölkerungsbombe“ versicherte uns, dass in den 1970er-Jahren eine Hungersnot Millionen Menschen töten würde. Dazu kam es aber nicht, und zwar dank Norman Borlaug (der seinen Friedensnobelpreis wirklich verdient hat) und seinem Mexikoweizen – gar nicht zu reden von den landwirtschaftlichen Neuerern, die ihm über viele Jahrtausende vorausgegangen waren.

Die Leute, die meinen, der Höhepunkt der konventionellen globalen Ölförderung – auch „Peak Oil" genannt – werde unser Tod sein, irren ebenfalls. Viele völlig rationale Menschen behaupten, die konventionelle Ölförderung habe ihren Höhepunkt bereits überschritten, manche legen den Zeitpunkt irgendwo in die 1970er-Jahre, andere in die 1980er, die 1990er oder noch später. Von mir aus können Sie gern um den genauen Zeitpunkt streiten. Und egal, wann der Höhepunkt Ihrer Meinung nach überschritten wurde, können Sie ihn außerdem in die Schuhe schieben, wem Sie wollen (in den Vereinigten Staaten können Sie ihn zum Beispiel der Gründung der Umweltbehörde EPA zuschreiben, die strenge Förderbeschränkungen einführte). Aber selbst wenn Sie überzeugt sind, dass wir den Höhepunkt der Produktion in den 1970er-Jahren überschritten haben, was ist denn seither Schreckliches passiert? Im Jahr 1980 betrug das globale BIP circa 10,7 Billionen US-Dollar, heute sind es circa 71,3 Billionen.[9] Die Lebenserwartung hat zugenommen. Das Pro-Kopf-Einkommen ist in vielen Schwellenländern raketenartig angestiegen. Uns ging es zwischenzeitlich ganz gut. Ja schon, wir hatten Baissen und Rezessionen, die einen größer, die anderen kleiner. Aber das trifft auf alle längeren Zeiträume zu.

Und die bekannten Ölreserven sind heute doppelt so groß wie 1980, obwohl der Verbrauch zwischenzeitlich – insgesamt und im Durchschnitt – nur gestiegen ist. Technische Fortschritte haben es uns nicht nur ermöglicht, mehr Erdöl und Erdgas zu entdecken, sondern auch, beides an Orten zutage zu fördern, die man früher für nicht förderwürdig hielt.

Viele Verfechter des Peak Oil werden argumentieren, das Angebot habe nichts mit der Produktion zu tun. Doch das ist lediglich ein Missverständnis der wirtschaftswissenschaftlichen Grundlagen. Wenn ein Angebot existiert und die Preise eine künftige (konventionelle oder unkonventionelle) Förderung rentabel machen, werden die Produzenten fördern – oder weitere Förder-Innovationen finden. Das heißt, wenn der Abbau wirklich unrentabel wird (ich bezweifle aber, dass dies in absehbarer Zeit passieren wird), werden wir meiner Hypothese nach (basierend auf der gesamten Menschheitsgeschichte) neuartige Möglichkeiten finden, die Energie effizienter auszunutzen. Oder wir werden Ersatz finden. Die wahre Erschöpfung ist noch derart weit entfernt, dass wir massig Zeit haben, eine neue Lösung (oder neue Lösungen) zu finden. Wenn Sie das nicht glauben, schauen Sie sich mal London an. Es ist nicht unter neun Fuß Pferdedung begraben.

Diese vom Profitstreben entfesselte Wandlungskraft wird von Aktien verkörpert. Anleihen sind in Ordnung, aber sie repräsentieren keine künftigen Gewinne. Anleihen sind Verträge. Man kauft eine Anleihe und bekommt eine bestimmte Rendite – das war's. Aber die künftigen Gewinne steigen irgendwann, das haben sie immer getan und das werden sie immer tun – und das wird von den Aktien erfasst.

Denken Sie an das Moore'sche Gesetz – die Vorstellung, dass sich die Anzahl der Transistoren auf einem integrierten Schaltkreis etwa alle zwei Jahre verdoppeln soll –, welches der Intel-Mitgründer Gordon Moore 1965 formulierte. Nach dem Beweis von Kryder aus dem Jahre 2005 entwickelt sich der Festplattenspeicherplatz sogar noch viel schneller als nach dem Moore'schen Gesetz angenommen – und diese Entwicklung wird wahrscheinlich so weitergehen oder sich sogar noch beschleunigen! Und dann gibt es noch das Shannon-Hartley-Theorem. Es besagt, dass auch die maximale Informationsübertragungsrate von Informationskanälen (denken Sie an Glasfaserkabel) exponentiell wächst.

Und was bedeutet das alles? Wir nehmen Fortschritte linear wahr, auch wenn sie in Wirklichkeit exponentiell verlaufen – und der Zusammenprall all dieser Technologien führt dazu, dass Innovationen zukünftig noch schneller aufeinander folgen werden, denn Technologien, die von Menschen, die einander nicht kennen, an weit verstreuten Orten ersonnen werden, treffen auf völlig unvorhersehbare Arten und Weisen zusammen, sodass neue Technologien oder Verfahren entstehen, die Leben retten oder das Leben verbessern.

Wenn Sie meinen, die heutigen Elektronikspielzeuge würden den Gipfel des menschlichen Erfindergeistes darstellen, werden Sie eines Besseren belehrt werden. Ich weiß zwar nicht, wann oder wie, aber das brauche ich auch gar nicht zu wissen – ich kann mir einfach Aktien kaufen und davon profitieren. Die Natur des Menschen hat sich nicht so sehr verändert, dass die Menschen nicht mehr durch den Eigennutz motiviert wären und ihren Erfindungsgeist nicht dafür einsetzen würden, Lösungen zu ersinnen, dank derer sie von Problemen profitieren können. Das war schon immer so. Und diejenigen, die am meisten von Innovationen profitieren, sind nicht die Technologen. Nein, es sind diejenigen, die lernen, die Innovationen zu verpacken, zu vermarkten und zu verkaufen – und ihre Aktionäre.

# Kapitel 2

# Faustregeln für die Asset Allocation

„Nehmen Sie 100 und ziehen
Sie davon Ihr Alter ab.
So viel Prozent Aktien sollten
Sie haben. Ganz einfach!“

Menschen lieben Abkürzungen. Sogar bei der Geldanlage! Wir wollen glauben, es gebe einen leichteren Weg. Schauen Sie sich nur an, wie die Werbemaschen wuchern, mit denen man schnell abnehmen können soll. Und es gibt eine Million Pläne, nach denen man schnell reich werden können soll (die meisten davon sind Schwindel, mehr dazu in Kapitel 17).

Eine in Finanzplanerkreisen beliebte Faustregel ist die Idee, man könne die Zahl 100 *nehmen, sein Alter davon abziehen, und das Ergebnis besagt, wie viel Prozent Aktien man haben sollte.* Man kann diese Regel in Zeitschriften und Blogs nachlesen und sogar manche Profis halten sich daran!

Von dieser Faustregel gibt es außerdem unterschiedliche Varianten, zum Beispiel mit der Zahl 120. (Es sollte einen bereits stutzig machen, wenn eine Regel eine Schwankung der Asset Allocation um 20 Prozent beinhaltet, je nachdem, an welche Variante man sich hält.)

Diese Investment-Unweisheit hält sich, weil sie so einfach scheint. So konkret! So geradlinig. Sie ist eine schnelle und einfache Lösung für die sehr ernste Frage der Asset Allocation. Doch hüten Sie sich bei Ihrer langfristigen Finanzplanung vor allem, was schnell und leicht zu sein scheint. Grundsätzlich sollte man Investment-Faustregeln mit starkem Zynismus betrachten oder gar völlig ignorieren.

## Die kritische Entscheidung über die Asset Allocation

Tatsächlich sind langfristige Entscheidungen über die Aufteilung der Vermögenswerte wichtig. Heutzutage stimmen die meisten Anlageprofis darin überein, dass die Entscheidung über die langfristige Asset Allocation sogar die wichtigste ist, die man als Anleger trifft. Viele verweisen auf eine wissenschaftliche Studie, laut der rund 90 Prozent des Ertrags eines Portfolios im Laufe der Zeit der Asset Allocation zuzuschreiben sind – also der Mischung aus Aktien, Anleihen, Bargeld und sonstigen Wertpapieren.[1]

In meiner Firma gehen wir noch einen Schritt weiter. Man kann sich das vorstellen wie den Trichter in Abbildung 2.1. Wir sind

**Abb. 2.1: Die Auswirkungen der Asset Allocation – 70/20/10**

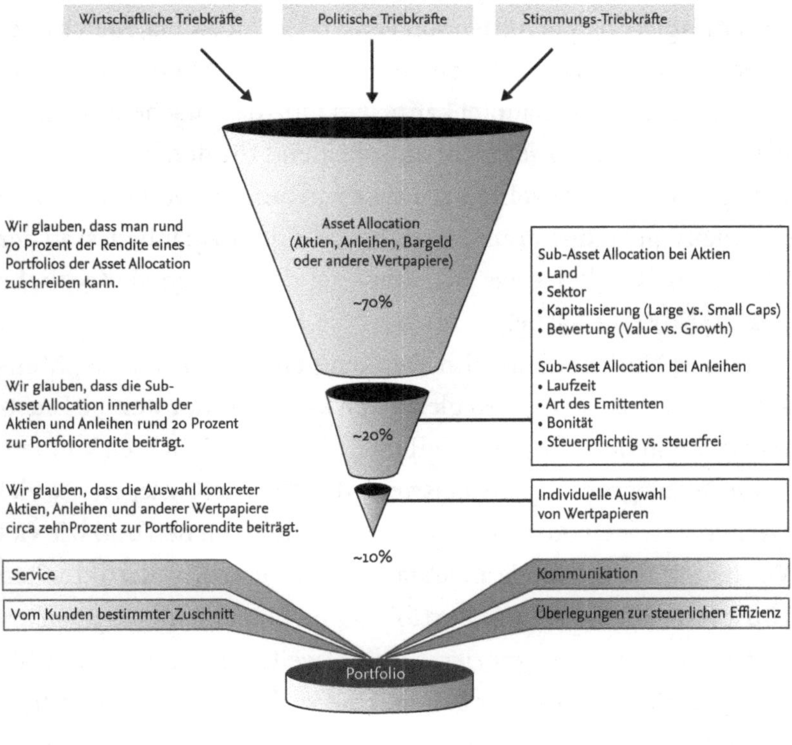


**Anmerkung:** Die Zuschreibung künftiger Renditen ist eine Näherung und dient nur Illustrationszwecken. Sie sollte nicht als Vorhersage oder Zuschreibung künftiger Renditen betrachtet werden.

überzeugt, dass 70 Prozent der Performance eines Portfolios von der Asset Allocation bestimmt werden – der Mischung aus Aktien, Anleihen, Bargeld und sonstigen Wertpapieren. Außerdem sind wir überzeugt, dass 20 Prozent der Performance eines Portfolios von der Sub-Asset Allocation bestimmt werden – der nachfolgenden Entscheidung über Wertpapier-*Kategorien* nach Größe, Stil, Land, Sektor, Branche, Bonitätsrating, Dauer et cetera. Die restlichen zehn Prozent der durchschnittlichen langfristigen Performance werden von der Auswahl der einzelnen Wertpapiere bestimmt, also zum Beispiel ob man Aktien von Pepsi oder Coca-Cola, Merck oder Pfizer beziehungsweise Anleihen von IBM oder Microsoft besitzt.

Auf jeden Fall behauptet kaum jemand, die Entscheidung über die Asset Allocation sei nicht entscheidend für den langfristigen Erfolg. Und warum sollte man sie dann auf eine vereinfachende Daumenregel reduzieren? Menschen, die daran glauben, sind der Meinung, das Alter – *nur* das Alter – sei der einzige maßgebliche Faktor. Nur eine Sache!

Dieses Nullachtfünfzehn-Denken geht davon aus, alle Menschen gleichen Alters seien gleich. Ich kann mir nur wenige Faustregeln vorstellen, die potenziell mehr Schaden anrichten können. Diese Regel ignoriert beispielsweise die Ziele der Anleger, wie viel Cashflow sie jetzt oder in Zukunft vielleicht brauchen und wie viel Wachstum für ihre Ziele angebracht ist. Sie ignoriert die aktuellen Umstände, die Größe des Portfolios und ob der Anleger noch arbeitet oder nicht. Sie ignoriert zahllose weitere Details, die nur für den betreffenden Anleger gelten. Und *sie ignoriert den Ehepartner*! Ich habe in meiner langen Karriere als professioneller Investor eine ganze Menge gelernt, aber eine der wohl wichtigsten Lektionen war: *Vergiss nie den Ehepartner!* Das ist auch für Ihr Privatleben eine gute Regel.

Ja, das Alter zählt durchaus. Es geht in den Zeithorizont der Anlage ein. Aber der Zeithorizont ist lediglich ein Faktor, den man neben und im Zusammenhang mit anderen Faktoren bedenken sollte, etwa den Renditeerwartungen, dem Cashflow-Bedarf, den aktuellen Umständen et cetera. (Wenn Sie mehr darüber wissen wollen, lesen Sie mein 2012 erschienenes Buch „Plan Your Prosperity".) Die erwähnte Faustregel ignoriert das alles per definitionem.

## Den richtigen Zeithorizont finden

Sogar wenn ich Leute dazu bringen kann, nicht mehr über das Alter, sondern stattdessen über den Zeithorizont nachzudenken – und wenn ich sie dazu bringen kann, zu akzeptieren, dass der Zeithorizont zwar ein wichtiger Faktor, aber nur einer und nicht der einzige ist, der über die Asset Allocation bestimmt –, fassen sie den Zeithorizont allzu oft trotzdem falsch auf.

Die Leute stellen sich das oft so vor: „Ich bin 60. Ich möchte mit 65 in Rente gehen, also habe ich einen Zeithorizont von fünf Jahren." Sie meinen, der Zeithorizont würde sich bis zum Tag des Renteneintritts erstrecken, bis zu dem Tag, ab dem sie anfangen wollen, Cashflow zu entnehmen, oder bis zu irgendeinem anderen Meilenstein. In meinen Augen zieht einem das den Boden unter den Füßen weg und führt zu Fehlern. Noch schlimmer ist, dass solche Fehler vielleicht erst Jahre später sichtbar werden – und dann ist es oft schon zu spät, ernstlich etwas dagegen zu unternehmen.

Der Zeithorizont ist nicht der Zeitraum zwischen jetzt und irgendeinem markanten Termin. Der Zeithorizont gibt an, *wie lange die Anlagen für einen arbeiten müssen.* Bei vielen Privatanlegern ist damit ihr ganzes Leben und das ihres Ehepartners gemeint. *Vergessen Sie nie den Ehepartner.*

Abbildung 2.2 zeigt die durchschnittliche Lebenserwartung in den Vereinigten Staaten und stammt direkt aus den versicherungsmathematischen Daten der Social Security Administration. Wenn Sie 60 Jahre alt und männlich sind, schätzt die Sozialversicherung, dass sich Ihre durchschnittliche restliche Lebenserwartung auf 21 Jahre beläuft. Wenn Sie 60 Jahre alt und weiblich sind, beträgt Ihre durchschnittliche restliche Lebenserwartung 24 Jahre.

Ist das nun Ihr Zeithorizont? Vielleicht. Halten Sie sich für durchschnittlich? Wenn Sie bei guter Gesundheit und aktiv sind und wenn Sie noch lebende Eltern Ende 80 haben, dürften Sie locker darüberliegen – das könnte einen Zeithorizont von 30 Jahren oder mehr bedeuten.

**Abb. 2.2: Die Lebenserwartung steigt immer weiter an**

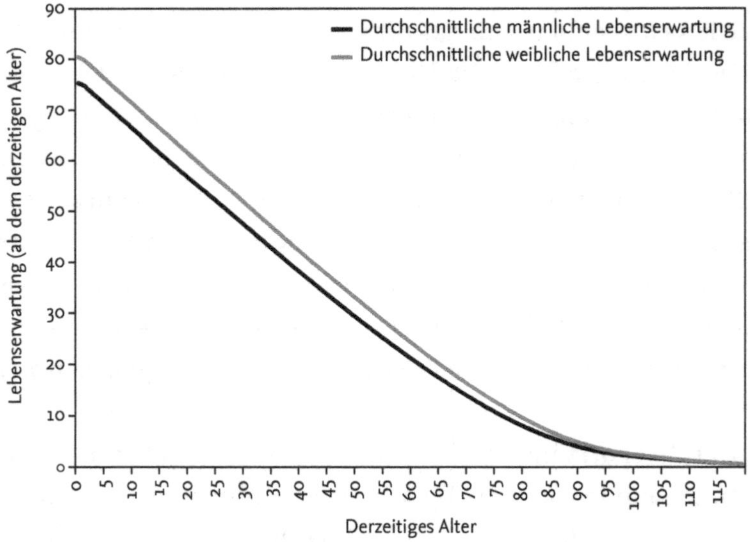


**Quelle:** US Social Security Administration, Period Life Table, Stand 2007.

Es sei denn, Sie wären ein 60-jähriger Mann, der mit einer 55-jährigen Frau verheiratet ist – ebenfalls gesund und aktiv. Ihre beiden Eltern leben noch und sind über 80. Und Ihre Großeltern sind in ihren 90ern gestorben – die Langlebigkeit liegt in Ihrer DNA. Das ergibt einen möglichen Zeithorizont von 40 Jahren oder mehr – je nach Ihren sonstigen Zielen. Wenn Sie das Ziel haben, möglichst viel an Ihre Kinder weiterzugeben, möchten Sie vielleicht langfristiger als 40 Jahre denken. Wenn Sie das Ziel haben, nur sich und Ihre Frau im Ruhestand zu versorgen, halten Sie sich eher an Ihre eigenen Lebenserwartungen.

Könnte es sein, dass Sie früher sterben, was Ihrer Planung einen Strich durch die Rechnung macht? Selbstverständlich. Aber wenn man mit viel Geld auf der Bank stirbt, hat das nichts mit schlechter Planung zu tun. Was man hingegen wirklich nicht will, ist, einen Zeithorizont von 25 Jahren einzuplanen und dann mit 85 festzustellen, dass das Geld fast alle ist. Das macht keinen Spaß. Und wenn Ihr Ehepartner 95 wird, wird ihm das überhaupt nicht gefallen – Altersarmut ist grausam.

## Die heimtückischen Auswirkungen der Inflation

Es gehört zu den größeren Fehlern der Anleger, ihren Zeithorizont zu unterschätzen und nicht genug Wachstum für die Erreichung ihrer Ziele einzuplanen. Viele Anleger gehen davon aus, sie hätten keine hohen Wachstumsziele, aber dabei vergessen sie erstens die Inflation und zweitens, dass sich die Inflation nicht auf alle Kategorien gleich stark auswirkt.

Im Laufe der Zeit kann die Inflation Ihrer Kaufkraft einen schweren Schlag versetzen. Nehmen wir an, derzeit brauchen Sie 50.000 Dollar, um Ihren Lebensunterhalt zu bestreiten. Wenn sich

**Abb. 2.3: Die Bewahrung der Kaufkraft**

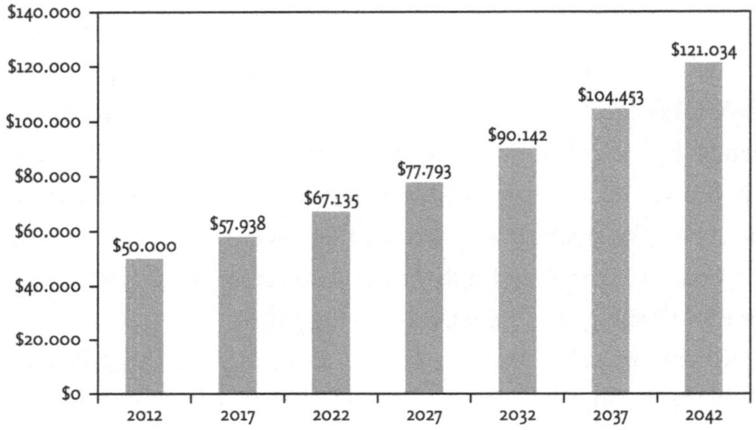


**Quelle:** Global Financial Data, Inc., Stand 22.05.2012. Die annualisierte Steigerungsrate des Verbraucherpreisindex vom 31.12.1925 bis zum 31.12.2011 betrug 3,0 Prozent.

die Inflation annähernd an ihren langfristigen historischen Durchschnitt hält (rund drei Prozent im Jahr)[2], dann brauchen Sie in zehn Jahren über 67.000 Dollar. Und in 20 Jahren brauchen Sie 90.142 Dollar (siehe Abbildung 2.3).

Wenn Sie 60 Jahre alt und bei guter Gesundheit sind, könnten Sie durchaus noch 30 Jahre lang leben. Wenn Sie 50 sind und noch 30 Jahre leben würden, wäre das nicht weiter bemerkenswert. Um die Kaufkraft Ihrer 50.000 Dollar auch in 30 Jahren noch zu haben, bräuchten Sie 121.034 Dollar! Wenn Sie für Ihren Lebensunterhalt vollständig oder teilweise auf den Cashflow Ihres Portfolios zugreifen und einen langen Zeithorizont haben, brauchen Sie also allein schon ein gewisses Wachstum, um die Chancen zu verbessern, dass der Cashflow Ihres Portfolios mit der Inflation Schritt hält. Wenn Sie Ihren Zeithorizont und Ihren Wachstumsbedarf unterschätzen, erhöhen Sie die Chancen, dass Ihr Portfolio nicht ausreicht, um den Cashflow abzuwerfen, auf den Sie gezählt hatten. Und wenn Sie das erst in zehn oder 20 Jahren merken, können Sie vielleicht nicht mehr viel dagegen tun.

Außerdem sollten Sie die Lebenserwartung ein bisschen höher und damit Ihren Zeithorizont ein bisschen länger ansetzen (falls Ihr Zeithorizont von Ihrer Lebenserwartung und/oder derjenigen Ihres Ehepartners bestimmt wird).

Warum? Die Lebenserwartung steigt immer noch an! Bisher ist sie in allen Jahrzehnten gestiegen. Neue Technologien und neue medizinische Erkenntnisse haben das längere Leben nicht nur möglich, sondern auch angenehmer gemacht. Wir haben nicht nur bessere Heil- und Behandlungsmethoden für viele Krankheiten, die früher als sofortiges Todesurteil galten, sondern wir haben auch bessere Methoden für die Früherkennung von Krebs, Herzerkrankungen et cetera. Vergessen Sie auch nicht die Auswirkungen der Mobilität. Mobile Menschen leben länger – und sprunghafte Fortschritte bei Ersatzgelenken und Prothesen ermöglichen es den Menschen, viel länger mobil zu sein. Ein Körper, der sich bewegt, hat ein gesünderes Herz.

Medizinische und technische Innovationen wie diese wird es auch in Zukunft geben (aus Gründen, die in Kapitel 1 behandelt wurden). Die Lebenserwartung wird also sehr wahrscheinlich weiterhin steigen – und Ihr Zeithorizont sollte das berücksichtigen.

Außerdem ist der Zeithorizont wie schon gesagt nur einer der entscheidenden Gesichtspunkte bei der Festlegung der angemessenen langfristigen Asset Allocation. Er ist zwar ein wichtiger Faktor, aber nicht der einzige, und er muss zusammen mit den Renditeerwartungen, dem Cashflow-Bedarf, den aktuellen Umständen und anderen einzigartigen persönlichen Faktoren bedacht werden. Dadurch wird die Bestimmung der Asset Allocation ausschließlich anhand des Alters zu einer Faustregel, die man getrost in die Tonne treten kann.

# Kapitel 3

## Volatilität und nur Volatilität

„Die Volatilität ist das bedeutendste Risiko, mit dem Anleger konfrontiert sind.“

Schnell! Wenn ich „Anlagerisiko“ sage, was fällt Ihnen dazu ein? Bei den meisten Lesern ist das natürlich und instinktiv „Volatilität“.

Viele Anleger tun so, als seien Risiko und Volatilität austauschbar. Und oft sind sie das auch! Volatilität ist ein entscheidendes Risiko, welches man als Anleger berücksichtigen sollte (auch wenn es, wie in Kapitel 1 besprochen, wichtig sein kann, welchen Zeitraum man betrachtet). Und die Volatilität ist dasjenige Risiko, das die Anleger meistens und über kürzere Zeiträume am heftigsten zu spüren bekommen.

Es kann einem den Atem rauben, wenn der Aktienanteil – ob er nun 100 oder nur zehn Prozent des Portfolios stellt – schnell 20 Prozent verliert, was ja bei Korrekturen passieren kann. Und noch aufreibender ist es, wenn man zusehen muss, wie er in einer großen Baisse 30 oder 40 Prozent abgibt. Letztendlich müssen Aktienanleger die Volatilität aushalten, denn die Finanztheorie besagt (und die Geschichte stützt das), dass man langfristig für diese Volatilität belohnt werden dürfte – und zwar mehr als bei anderen, weniger volatilen Anlageklassen.

Die Volatilität ist aber nicht das einzige Risiko, vor dem man als Anleger steht. Es gibt nämlich Unzählige! Wie in Kapitel 1 besprochen, meinen die Menschen oft, Anleihen seien sicherer. Es gibt aber keine allgemein akzeptierte formale Definition von „sicher“. Und keine Anleihe ist risikolos. Wer in Anleihen investiert, ist mit dem *Ausfallrisiko* konfrontiert, also der Gefahr, dass der Emittent der Schuldpapiere verspätet zahlt oder gar Bankrott macht, was sogar bei Firmen mit hohem Rating vorkommen kann. Bei US-Schatzpapieren ist das Ausfallrisiko so niedrig, dass ihre Verzinsung von Profis oft als „risikolose“ Rendite bezeichnet wird.

## Das so oft übersehene Zinsrisiko

Aber so ganz stimmt das nicht. Wieso nicht? Weil es auch ein *Zinsrisiko* gibt – es wirkt sich auf die eigene Rendite aus, wenn sich die Zinsen in die eine oder andere Richtung bewegen. Wenn die Zinsen fallen, kann es Anlegern schwerfallen, ihre Mittel von fällig werdenden Anleihen in Papiere mit ähnlicher Rendite umzuschichten. Wenn man 2003 eine 10-jährige Anleihe mit einem Kupon von fünf Prozent gekauft hat, hat man, wenn sie 2013 fällig wird, wahrscheinlich keine andere Wahl, als eine viel niedrigere Verzinsung in Kauf zu nehmen. Wenn man hingegen den Kupon von fünf Prozent haben will, entscheidet man sich wahrscheinlich für eine Anleihe mit riskanterem Profil oder einer längeren Laufzeit, was ebenfalls das Risiko erhöhen kann. In beiden Fällen werden Äpfel durch Birnen verlängert.

Das ist die eine Hälfte des Zinsrisikos. Während ich dies im Jahr 2012 schreibe, sind die Zinsen durch die Bank niedriger, als sie es während des Erwachsenenalters der meisten Leser je waren. Vielleicht so niedrig wie noch nie in Ihrem Leben! Abbildung 3.1 zeigt die Renditen von 10-jährigen Schatzanleihen seit 1980. Die Zinsen sind gesunken und die Volatilität befand sich fast die ganze Zeit auf einem Generationentief.

Nur weil die Zinsen niedrig sind, kann man daraus noch nicht schließen, dass sie bald wieder steigen müssten. Sie könnten seitwärts vor sich hin ruckeln. Sie könnten sogar noch tiefer fallen. Wenn aber 10-jährige Schatzanleihen weniger als zwei Prozent abwerfen, bleibt kein Spielraum für einen tiefen Fall.

Trotzdem werden die Zinsen zu einem späteren Zeitpunkt wieder steigen. Ich kann nicht sagen, wann oder wie schnell. Ich bezweifle aber eher, dass wir wieder so himmelhohe Zinsen bekommen werden, wie wir sie in den 1970er- und dann wieder Anfang

**Abb. 3.1: Die Renditen 10-jähriger Schatzanleihen seit 1980**

**Quelle:** Global Financial Data, Inc., Stand 25.10.2012, USA 10-Year Bond Constant Maturity Yield vom 01.12.1979 bis zum 30.09.2012.

der 1980er-Jahre erlebt haben – jedenfalls nicht sehr bald. Die damaligen extrem hohen Zinsen waren vor allem das Resultat der katastrophalen Geldpolitik in den 1970er-Jahren. Insgesamt hat sich die Geldpolitik in den Vereinigten Staaten und den meisten entwickelten Nationen gebessert, weil wir bessere Daten sowie eine bessere Kommunikation und Koordination haben. Auch wenn Ben Bernanke seit seinem Amtsantritt als Leiter der Federal Reserve einige ziemlich dumme Schachzüge unternommen hat, ist „Helicopter Ben" nicht so schlimm wie einige der früheren offenkundig katastrophalen Notenbankchefs (ähem, Arthur Burns), aber er hat ja noch Zeit und die Geschichte wird es zeigen.

Wenn der Markt meint, die Inflation werde in Zukunft wesentlich steigen, dann steigen vermutlich auch die langfristigen Zinsen. Doch so tollpatschig Bernanke bisher auch gewesen sein mag, ich bezweifle, dass es innerhalb ausreichend kurzer Zeit zu einen so großen Anstieg kommen wird, dass die 10-jährigen Zinsen von unter zwei Prozent sehr schnell über zehn Prozent steigen werden.

Irgendwann werden die Zinsen also wieder steigen – was den Wert der Anleihen unterhöhlen kann, die Sie im Moment haben.

**Abb. 3.2: Das Zinsrisiko**

| | Aktuelle Begebung 10-jähriger Schatzanleihen | | Aktuelle Begebung 30-jähriger Schatzanleihen | |
|---|---|---|---|---|
| | Aktuelle Rückzahlungsrendite von US-Schatzanleihen zu 1,6%, fällig am 15.08.2022: 1,8% | | Aktuelle Rückzahlungsrendite von US-Schatzanleihen zu 2,8%, fällig am 15.08.2042: 3,0% | |
| Potenzielle Änderung der Rückzahlungsrendite | Voraussichtliche Rendite | Implizite Gesamtrendite in 1 Jahr | Voraussichtliche Rendite | Implizite Gesamtrendite in 1 Jahr |
| **400** | 5,8% | -55,5% | 7% | -97,5% |
| **300** | 4,8% | -43,1% | 6% | -80,6% |
| **200** | 3,8% | -29,5% | 5% | -59,2% |
| **100** | 2,8% | -14,6% | 4% | -32% |
| **50** | 2,3% | -6,6% | 3,5% | -15,6% |
| **0** | 1,8% | 1,8% | 3% | 3% |
| **-50** | 1,3% | 10,6% | 2,5% | 24,1% |
| **-100** | 0,8% | 19,9% | 2% | 48,1% |
| **-200** | -0,2% | 39,8% | 1% | 106,7% |

**Quelle:** Bloomberg Finance L.P., Stand 25.10.2012.

Manche Anleger sagen sich vielleicht: „Ja, aber ich halte meine Anleihen bis zur Fälligkeit.“ Schön, so kann man denken, aber zehn Jahre sind eine lange Zeit. Und 30 Jahre sind noch viel länger! Und wenn Sie verkaufen müssen, kann schon eine kleine Zinsänderung Ihre Rendite schwer beeinträchtigen. Abbildung 3.2 zeigt die Auswirkungen steigender Zinsen auf den Wert von 10-jährigen und 30-jährigen Anleihen. Eine Zinserhöhung um ein Prozent im Laufe eines Jahres ist nichts Ungewöhnliches und sie bewirkt eine implizite Rendite Ihrer 10-jährigen Schatzanleihen von -14,6 Prozent – nicht das, was man von Anleihen erwartet. Eine Erhöhung um zwei Prozent ist zwar ziemlich viel, aber wie gesagt, wenn die Zinsen steigen, ist eine gewisse Volatilität nichts Ungewöhnliches. Das ergäbe eine implizite Rendite von -29,5 Prozent auf 10-jährige und von -59,2 Prozent auf 30-jährige Anleihen. Je mehr die Zinsen steigen, umso schlechter die Gesamtrendite. Das ist das Zinsrisiko – ignorieren Sie es nicht.

## Das Portfoliorisiko und das Ernährungsrisiko

Es gibt das Inflationsrisiko, das politische Risiko, das Wechselkursrisiko und das Liquiditätsrisiko. Und so weiter und so fort. Die Volatilität ist entschieden nicht das einzige Risiko, vor dem Anleger stehen.

Im Jahr 1997 habe ich zusammen mit meinem Freund und zeitweiligen Mitarbeiter in der Forschung Meir Statman (Glenn Klimek Professor of Finance an der Leavey School of Business der Santa Clara University) einen Artikel mit dem Titel „Mean-Variance-Optimization Puzzle: Security Portfolios and Food Portfolios“ verfasst und im *Financial Analysts Journal* veröffentlicht.

Unsere Forschungen zeigen Parallelen zwischen der Art auf, wie Menschen über Essen und über Geldanlage denken. Beim Essen wollen die Menschen viele Dinge auf einmal. Sie wollen sich nicht bloß ernähren, sondern sie wollen gut aussehende und gut schmeckende Nahrungsmittel. Und sie wollen diese zur richtigen Tageszeit essen. Müsli ist ein Nahrungsmittel fürs Frühstück – es abends zu essen ist einfach traurig. Und ein Restaurantgast will Prestige! Die Verpackung ist wichtig.

Was die Menschen von Nahrungsmitteln verlangen, kann sich schnell ändern. Und sie empfinden es als Risiko, wenn sie zu einem bestimmten Zeitpunkt etwas haben wollen, aber glauben (oder befürchten), sie würden es nicht bekommen. Sie denken nicht an das, was sie bekommen. Ein Beispiel: Vielleicht sind sie gezwungen, abends Müsli zu essen, weil nichts anderes im Haus ist. Es gefällt ihnen nicht, dass sie in der falschen Reihenfolge essen, und deshalb kommen sie sich dämlich vor. Und am nächsten Tag auf der Arbeit geben sie es nicht zu! Das sind schon zwei Risiken. Dabei denken sie nicht an das grundlegende Bedürfnis, das erfüllt wird, also an die Ernährung.

Und in welcher Beziehung steht das zur Geldanlage? Bei der Geldanlage empfinden die Menschen ebenso wie beim Essen häufig das als Risiko, was sie zu einem bestimmten Zeitpunkt nicht bekommen – ganz egal, ob ihre anderen Ziele erfüllt werden. Vielleicht bekommt man von Anlegern Aussagen wie diese zu hören: „Ich will keine Volatilität nach unten!" Sie empfinden Volatilität und wollen einen Schutz dagegen haben. Und wenn die Aktien dann eine lang anhaltende Pechsträhne haben, meinen sie vielleicht, sie würden zu kurz kommen – was als ein weiteres Risiko empfunden wird.

## Wenn die Gelegenheit nicht an die Tür klopft

Dieses Risiko bezeichnet man als *Opportunitätskosten* – das Risiko, jetzt Handlungen zu unternehmen oder zu unterlassen, die dann zu einer niedrigeren Rendite als andernfalls führen. Und das kann tödlich sein.

Es könnte zum Beispiel sein, dass Sie zwar einen längeren Anlagezeithorizont haben, Sie sich aber vor allen Dingen Sorgen um die kurzfristige Volatilität und nicht um irgendwelche anderen Risikoformen machen. Dann entscheiden Sie sich vielleicht für eine zu große dauerhafte Allokation festverzinslicher Wertpapiere, als andernfalls für Ihre langfristigen Ziele angemessen wäre. Da Sie kein ausreichendes Aktienengagement besitzen, bekommen Sie über Ihren längeren Zeithorizont wahrscheinlich eine geringere Rendite und erhöhen die Wahrscheinlichkeit, Ihre langfristigen Ziele zu verfehlen – vielleicht sogar weit zu verfehlen.

Das kann wehtun, und zwar sehr. Insbesondere wenn Sie darauf angewiesen sind, dass Ihr Portfolio im Ruhestand einen Cashflow liefert. Wenn Sie einen bestimmten Cashflow einplanen, aber Ihr Portfolio über einen langen Zeitraum durch Opportunitätskosten beeinträchtigt wird, müssen Sie Ihre Ausgaben womöglich herunterschrauben.

Was die Opportunitätskosten so mörderisch macht, ist die Tatsache, dass ihre nachteiligen Auswirkungen womöglich für eine gewisse Zeit nicht offensichtlich sind. Ihr Zeithorizont beträgt vielleicht 20 oder 30 Jahre – oder noch mehr! Wenn Sie in 20 Jahren zurückschauen und feststellen, Sie hätten eine durchschnittliche Jahresrendite von neun oder zehn Prozent gebraucht, Ihr Portfolio hat mit seiner geringeren kurzfristigen Volatilität jedoch viel weniger abgeworfen, dann ist das ein massiver Portfoliofehler, dem vielleicht einfach nicht mehr abzuhelfen ist. Es ist schwierig bis unmöglich, 20 Jahre zu niedriger Rendite wettzumachen – vor allem, wenn man inzwischen einen Cashflow entnimmt. Um die Wahrscheinlichkeit zu senken, dass Ihnen vorzeitig das Geld ausgeht, müssen Sie vielleicht Ihre Ausgaben senken. Und das kann schwierig oder gar entmutigend sein, wenn man mit einem höheren Einkommen gerechnet hat, vor allem wenn man bereits im Ruhestand ist oder kurz davorsteht – und noch schlimmer ist es, wenn auch Ihr Ehepartner mit diesem Einkommen gerechnet hat. Es ist schon hart, selbst mit der Situation zurechtzukommen, aber noch härter ist es, diese seinem Ehepartner erklären zu müssen.

Und doch denken die meisten Anleger wahrscheinlich nicht groß über Opportunitätskosten nach. Jedenfalls normalerweise nicht. Meistens tauchen sie plötzlich als allgemeines Bedenken auf, wenn eine Hausse bereits eine Weile läuft und mit extremem Optimismus oder gar Euphorie einhergeht. Beispielsweise waren die Anleger Ende 1999 und im Jahr 2000 plötzlich scharf darauf, dem nächsten großen Ding nachzujagen. Die hohen Renditen der 1990er-Jahre ließen hohe Aktienrenditen leicht erscheinen – zu leicht. Daher wollten sie das Risiko hochschrauben und alle möglichen angesagten Technologie-Aktien kaufen! Plötzlich hieß es: Oh nein! Welche Opportunitätskosten anfallen, wenn man nicht mit den neuesten Technologie-Börsengängen Day-Trading betreibt! Was dabei herausgekommen ist, wissen Sie ja.

Standardmäßig konzentrieren sich Anleger allerdings vor allem auf die Volatilität und weniger oder gar nicht auf die Opportunitätskosten. Warum wird dieses sehr reale Risiko oft in die zweite Reihe verbannt? Warren Buffett hat den Spruch populär gemacht: „Man sollte gierig sein, wenn die anderen Angst haben, und ängstlich, wenn die anderen gierig sind." Erinnern Sie sich, dass wir aus komplexen Gründen, die tief in der Art wurzeln, wie sich unser Gehirn über Jahrtausende entwickelt hat, darauf programmiert sind, Verluste mehr zu fürchten, als wir uns über die Aussicht auf Gewinne freuen (siehe Kapitel 1). Und im Großen und Ganzen neigen die Anleger dazu, nicht an Haussen zu glauben, die noch im Gange sind.

Was natürlich pervers ist! Und doch werden mir die meisten Leser dieses Buches zustimmen, dass Anleger, insgesamt und im Durchschnitt, dazu neigen, bullish zu sein, wenn sie eigentlich bearish sein müssten, und umgekehrt. Das heißt, wenn die Aktien etwa in 72 Prozent aller Kalenderjahre steigen, sind die Menschen öfter bearish als bullish – und sie spielen das Risiko der Opportunitätskosten herunter.

Tun Sie das nicht. Die Volatilität ist zwar ein entscheidendes Risiko, aber nicht das einzige. Für viele Anleger mit langem Zeithorizont kann es verheerender sein, wenn sie nicht *genug* Volatilität in Kauf nehmen, denn dadurch entsteht ein Opportunitätsrisiko.

# Kapitel 4

## Volatiler denn je

„Die Aktien sind heute einfach volatiler.“

Klingt das nach etwas, das Sie schon einmal gehört haben? Oder gelesen? Oder wovon Sie überzeugt sind?

Anleger neigen nicht nur dazu, sich vor allem auf die kurzfristige Volatilität zu konzentrieren (Kapitel 3). Oft befürchten sie auch, die Volatilität könnte steigen! Und es mag Ihnen vorkommen, als wäre dem so. Im Jahr 2008 hatten wir eine große Baisse – die größte seit der Großen Depression. Bald darauf fand 2010 aufgrund der Befürchtungen, der Euro könne implodieren, eine große globale Korrektur statt. Und dann kam 2011 wieder eine große Korrektur und 2012 eine zwar kleinere, aber doch beängstigende Korrektur. Viele behaupten, das Einsetzen des Hochfrequenzhandels und Spekulanten hätten zu der wachsenden Volatilität der Aktien beigetragen.

Glauben Sie das nicht – es ist ein Mythos.

Erstens ist die Volatilität selbst volatil. Es ist normal, dass es Zeiten höherer und geringerer Volatilität gibt. Zweitens ist es ein Fehlschluss, anzunehmen, höhere Volatilität würde Ärger verheißen. Drittens war die Volatilität der letzten Jahre gar nicht so ungewöhnlich und bewegte sich klar im normalen historischen Bereich.

## Die Volatilität geht auch nach oben

Quizfrage: Welches Jahr war volatiler? 2008 oder 2009?

Die meisten Anleger wissen automatisch, dass die Aktien in den Vereinigten Staaten und der Welt 2008 massiv gefallen und 2009 enorm gestiegen sind. Aber sie nehmen vielleicht fälschlicherweise an, 2008 seien die Aktien volatiler gewesen.

Dem ist aber nicht so. Gemessen an der Standardabweichung (einer verbreiteten Kennzahl für die Volatilität) belief sich die Volatilität 2008 auf 20,1 Prozent und 2009 auf 21,3 Prozent (bezogen auf US-Aktien, die ich im gesamten Kapitel wegen ihrer längeren Historie heranziehe).[1] Ja! Das Jahr 2009 war volatiler!

Wie ist so etwas möglich? Um das zu verstehen, müssen Sie sich über ein paar Dinge bezüglich der Standardabweichung klar werden. Die Standardabweichung ist ein Maß dafür, wie weit etwas von seinem Durchschnitt abweicht. Man kann sie verwenden, um die historische Volatilität von einzelnen Aktien, von Sektoren, vom Gesamtmarkt oder von allem zu messen, von dem man ausreichend viele Datenpunkte hat – Sonnentage in San Francisco oder Regentage in Portland. Eine niedrige Standardabweichung bedeutet, dass die Ergebnisse nicht sehr vom Durchschnitt abweichen. Eine höhere Standardabweichung zeigt größere Schwankungen an.

Zum Jahresende 2011 belief sich die annualisierte Standardabweichung seit 1926 auf 15,6 Prozent.[2] (Die Standardabweichung wurde anhand der Monatsrenditen berechnet. Man kann sie zwar auch aus Jahresrenditen berechnen, aber dann bekommt man weniger Datenpunkte. Man kann auch Tagesrenditen nehmen, aber ich weiß nicht recht, weshalb man das tun sollte. Die Branche verwendet meistens Monatsrenditen.) Dieser Zeitraum schließt allerdings die hochgradig volatilen Jahre der zwei Baissen der Großen Depression ein, was den Durchschnitt etwas in die Höhe treibt. Die mediane Standardabweichung seit 1926 beträgt 13,0 Prozent (siehe Abbildung 4.1). Somit lagen beide Jahre, 2008 und 2009, über dem Median. Das eine Jahr war schrecklich, das andere schrecklich gut.

Man sollte auch bedenken, dass die Standardabweichung prinzipiell in die Vergangenheit blickt. Sie ist zwar ein nützliches Werkzeug, aber sie sagt nichts darüber aus, wie volatil oder „unvolatil“ etwas in der unmittelbaren Zukunft im Durchschnitt sein wird. Wie alle historischen Daten ist sie zwar ein nützlicher

**Abb. 4.1: Volatilität ist volatil – und normal**

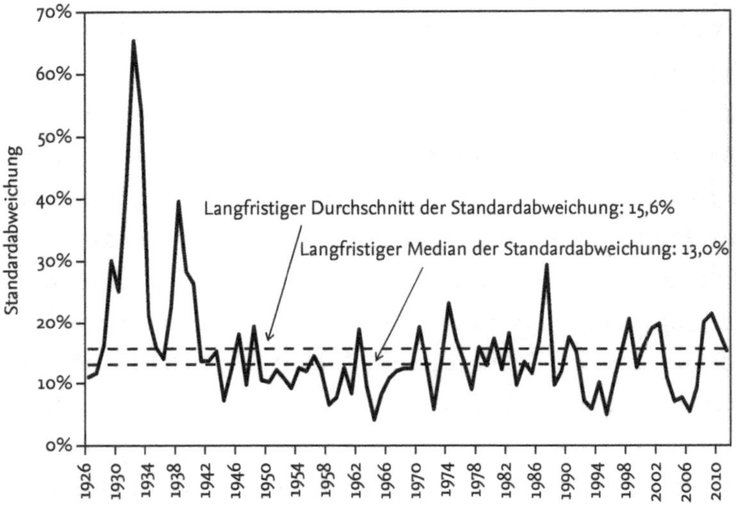


Die durchschnittliche und die mediane Standardabweichung wurden aus der durchschnittlichen jährlichen Standardabweichung zum 31.12. des jeweiligen Jahres berechnet.

**Quellen:** Global Financial Data, Inc., Stand 20.09.2012, S&P Total Return Index vom 31.12.1925 bis zum 31.12.2011.[3]

Anhaltspunkt – sie gibt einen Bereich vor, was vernünftigerweise zu erwarten ist –, aber ein Prognosewerkzeug ist die Volatilität niemals.

Eine Standardabweichung von null bedeutet, dass sich die Renditen historisch nie verändert haben – als ob man Geld unter die Matratze stopft (und die nagende Kraft der Inflation im Laufe der Zeit ignoriert). Um zu wissen, dass die Aktien in der Vergangenheit ganz schön volatil waren, braucht man keine Standardabweichung. Ich führe sie nur an, weil die Volatilität des Aktienmarktes selbst volatil ist. In manchen Jahren liegt die Volatilität des Marktes weit über dem Durchschnitt und in anderen Jahren weit unter dem Durchschnitt. Und in manchen Jahren kommt beides vor! Der Anfang ist enorm volatil und das Ende nicht oder umgekehrt. Ein Durchschnitt ist eben ein Durchschnitt und darin sind riesige Schwankungen enthalten.

Dazu kommt noch, dass die Aktien sowohl bei überdurchschnittlicher als auch bei unterdurchschnittlicher Volatilität sowohl steigen als auch fallen können. Da gibt es kein Vorhersagemuster.

## Die Volatilität hat keine Vorhersagekraft

Das volatilste Jahr überhaupt war 1932, die Standardabweichung betrug damals 65,4 Prozent.[4] Aber die Aktien fielen in jenem Jahr nur um 8,9 Prozent. Das ist zwar nicht gerade toll, aber auch nicht die Katastrophe, die man bei einer solch ungeheuren Volatilität erwarten könnte. Diese sagt lediglich aus, dass die monatlichen Renditen des Aktienmarktes in jenem Jahr wild geschwankt haben – was man vom letzten Jahr des ersten fallenden Abschnitts der Großen Depression auch erwarten würde.

Das zweitvolatilste Jahr überhaupt war 1933. Damals betrug die Standardabweichung 52,9 Prozent – aber die Aktien stiegen um massive 53,9 Prozent.[5] Das leuchtet ein, wenn man sich hinter die Ohren schreibt, was die Volatilität eigentlich ist – wie weit etwas von seinem Durchschnitt abweicht – und was sie nicht ist – etwas Schlechtes, das nur Verluste des Aktienmarktes misst.

Hohe Volatilität heißt nicht, dass die Aktien fallen müssten. Im Jahr 1998 betrug die Volatilität 20,6 Prozent. Das liegt zwar weit über dem Durchschnitt, aber die Aktien stiegen um 28,6 Prozent.[6] Im Jahr 2010 betrug die Standardabweichung 18,4 Prozent und die Aktien stiegen um 15,1 Prozent.[7] Im Jahr 1980 betrug die Standardabweichung 17,4 Prozent und die Aktien zogen um 32,3 Prozent an.[8]

Es stimmt schon, dass in Verlustjahren eine hohe Volatilität vorlag, aber nicht immer und nicht so sehr, dass man sich vor überdurchschnittlicher Volatilität automatisch fürchten müsste. Und auch der Umkehrschluss gilt: Niedrige Volatilität ist nicht gleichbedeutend mit hohen Renditen. Im Jahr 1977 betrug die Standardabweichung unterdurchschnittliche 9,0 Prozent und die Aktien fielen um 7,4 Prozent – die Rendite war also mit derjenigen des Jahres 1932 beinahe identisch, aber die Volatilität war geringer.[9] Im Jahr 1953 betrug die Standardabweichung 9,2 Prozent und die Aktien fielen um 1,1 Prozent.[10] Im Jahr 2005 betrug die Standardabweichung niedrige 7,6 Prozent und auch die Aktienrenditen waren niedrig – nur 4,9 Prozent.[11]

Auch wenn sich die Standardabweichung im Bereich ihres langfristigen Medians bewegt (zwölf bis 14 Prozent), variieren die Renditen enorm. Im Jahr 1951 betrug die Standardabweichung 12,1 Prozent und die US-amerikanischen Aktien boomten um 24,6 Prozent.[12] Im Jahr 1973 betrug die Standardabweichung 13,7 Prozent und die US-Aktien fielen um 14,8 Prozent.[13]

Die Volatilität hat keine Vorhersagekraft, egal wie hoch sie ist. Vielmehr beschreibt die Standardabweichung die Vergangenheit – und die Vergangenheit diktiert nicht die Zukunft.

## Die Volatilität ist volatil – und tendiert nicht nach oben

Die Volatilität besitzt also keine Vorhersagekraft. Sie tendiert aber auch nicht nach oben. Vielleicht erinnern Sie sich an den Flash Crash im Mai 2010, bei dem die Märkte innerhalb von Minuten auf breiter Front einbrachen. Zu einem bestimmten Zeitpunkt des Tages standen die Aktien fast zehn Prozent im Minus und machten den Sturz im Tagesverlauf danach größtenteils wieder wett (beschlossen aber den Tag trotzdem im Minus). Der Crash wurde allgemein einer Serie technischer Pannen zugeschrieben. Viele gaben der starken Vermehrung des Hochfrequenzhandels (HFT = High Frequency Trading) die Schuld, und zwar nicht nur am Flash Crash, sondern auch an der insgesamt gestiegenen Volatilität.

Aber wo ist der Beweis, dass die Volatilität steigt? Schauen Sie sich noch einmal Abbildung 4.1 an. Sicher, in den Jahren 2008, 2009 und 2010 war die Volatilität höher als zuvor, aber 2011 ging sie wieder ein bisschen zurück. Diese höhere Volatilität lag nicht außerhalb des Rahmens früherer Spitzen. Und sie tendiert nicht nach oben – das sind die gleichen Schwankungen, die wir im Laufe der Geschichte immer wieder erlebt haben.

Und falls Sie befürchten, der Hochfrequenzhandel würde die Volatilität erhöhen, sollten Sie wissen, dass es ihn auch in den Jahren 2003, 2004, 2005, 2006 und 2007 schon gab – in denen die Standardabweichung im Verhältnis geringer war. Zwar benutzten manche Leute schon 1987 Computer zum Traden, als die Standardabweichung einen Spitzenwert erreichte, aber das war nicht im Entferntesten mit dem heutigen HFT zu vergleichen. In den Jahren 1974, 1970, 1962 oder zu noch früheren Zeiten mit Spitzenvolatilitäten war an HFT noch überhaupt nicht zu denken.

Sehen Sie das einmal andersherum: Die Große Depression war äußerst volatil – nach oben und nach unten. Die Menschen stellen sich die Große Depression oft als lange Periode der Stagnation vor, aber das war sie nicht. Sie bestand aus zwei Rezessionen mit zwischenzeitlichem Wachstum sowie aus zwei riesengroßen Baissen mit einer riesigen Hausse dazwischen – der zweitgrößten der Geschichte.

Die damalige Volatilität hatte zahllose Ursachen. Eine war der verhältnismäßige Mangel an Liquidität und Transparenz. Es gab damals noch nicht so viele Aktien, nicht so viele Transaktionen und viel weniger Marktteilnehmer. Die Informationen flossen langsamer und daher war die Preisfeststellung schwierig. Außer bei den allergrößten Aktien waren die Spannen zwischen Ankaufs- und Verkaufskurs prozentual auf den Gesamtpreis gerechnet viel größer als heute, und deshalb bewegte der Rückprall zwischen einem gedrückten Ankaufskurs und einem strapazierten Verkaufskurs die Transaktionskosten um einen höheren Anteil des Gesamtpreises. Nimmt man all das zusammen, erhält man schon ohne andere makroökonomische Faktoren (die desaströse Geldpolitik, finanzpolitische Fehlgriffe, die irrsinnig unglückliche Wirtschaftspolitik, die lausige konjunkturelle Lage, die massive Unsicherheit, Hitlers Aufstieg, Huey Pierce Long und vieles andere mehr) eine viel größere Volatilität.

Auch heute sind dünn gehandelte Märkte im Allgemeinen volatiler – etwa Pennystocks, Micro Caps (das ist oft das Gleiche) oder Aktien aus sehr kleinen Schwellenländern. Da es heute erheblich mehr börsennotierte Aktien und Marktteilnehmer sowie erheblich mehr leicht und sofort verfügbare Informationen gibt, *müssten* die Märkte heutzutage eigentlich von sich aus *weniger* volatil sein als in den dünn gehandelten Zeiten der Großen Depression. Ich will damit nicht sagen, dass Sie nächste Woche aufwachen werden und die Aktien sich dann wie Anleihen verhalten werden. Nein! Und das wollen Sie ja auch gar nicht, wenn Sie langfristig höhere Erträge abschöpfen wollen. Vielmehr wird der Markt wohl weniger anfällig für die äußerst wilden Ausschläge, die wir damals und heute an dünn gehandelten Märkten erlebt haben und erleben.

## Umarme einen Spekulanten

Ein weiterer beliebter und viel geschmähter Sündenbock für gestiegene Volatilität (ob sie nun wirklich stattfindet oder nicht) sind die Spekulanten.

Spekulanten sind nicht *böse*. Eigentlich sind Sie in gewissem Sinne ein Spekulant, sobald Sie eine Aktie kaufen! Selbst wenn Sie diese für sehr lange Zeit halten – ein Jahr, zehn Jahre, 50 Jahre: Wenn Sie eine Aktie kaufen oder leerverkaufen, spekulieren Sie darauf, dass sie irgendetwas tun wird. Und daran ist nichts verkehrt.

Aber das meinen die Leute normalerweise nicht, wenn sie von Spekulanten sprechen. Normalerweise meinen sie damit Futures-Händler. Ein Future-Kontrakt ist ein Vertrag über den Kauf oder Verkauf von irgendetwas zu einem vereinbarten Preis und einem vereinbarten künftigen Zeitpunkt – eines Rohstoffs, eines Aktienindex, eines Zinssatzes oder eines Wechselkurses, was auch immer. Im Endeffekt ist das eine Wette auf die künftige Preisentwicklung. Meist nehmen Spekulanten das, auf dessen Preis sie setzen, gar nicht in Besitz und wollen es nicht einmal! Sie spekulieren lediglich auf die künftige Preisbewegung – die Sojabohnen, Schweinebäuche, Devisen oder was auch immer wollen und brauchen sie gar nicht. Diejenigen, die Angst vor Spekulanten haben, finden das unerhört.

Wenn der Ölpreis kräftig steigt, geben die Medien garantiert den Spekulanten die Schuld daran – Menschen, die uns an der Nase herumführen, nur um das schnelle Geld zu verdienen. Aber eines begreifen sie dabei nicht: Spekulanten setzen nicht immer darauf, dass die Preise steigen. Oft setzen sie darauf, dass sie fallen. Und da die Spekulanten nicht als Gruppe zusammenarbeiten, spekulieren manche auf einen steigenden Preis, während exakt zur selben Zeit andere mit einem fallenden Preis rechnen. Spekulanten sind keine Finanzgenies, die ausschließlich auf unsere Kosten Gewinn machen. Sie können Geld verlieren und tun das auch – wie jeder Anleger auch.

Wenn hingegen die Preise fallen, hört man (gewöhnlich) nicht, dass jemand den Spekulanten die Schuld gibt, obwohl die Spekulanten wahrscheinlich für Ausschläge nach unten genauso verantwortlich sind wie für Ausschläge nach oben (also nicht besonders).

Zudem gibt es unzählige legitime Gründe, mit Futures zu handeln. Unternehmen benutzen sie ständig, um die Kosten für ihren Bedarf an volatilen Rohstoffen zu glätten. Fluggesellschaften kaufen oft Treibstoff-Futures, um die Kosten für die Passagiere zu glätten – und Ihnen gefällt es doch bestimmt, wenn die Preise für Flugtickets nicht extrem schwanken. Auch Farmer kaufen Futures! Sie brauchen Futtergetreide, Düngemittel, Treibstoff und andere Rohstoffe, und ihre Gewinnspannen können von scharfen Preisausschlägen stark beeinträchtigt werden – und Rohstoffe sind ja für solche Ausschläge anfällig. Wenn Sie an einen Futures-Händler denken, beschwört dies vielleicht nicht gerade das Gemälde „American Gothic" herauf, aber vielleicht sollte es das!

Die Future-Kontrakte und die Spekulanten spielen an den Kapitalmärkten eine wichtige Rolle. Sie steigern die Liquidität. Außerdem erhöhen sie die Transparenz und beschleunigen die Preisfeststellung – was beides ebenfalls gut ist. Oft übersehen die Menschen den Vorteil höherer Liquidität – aber wie gesagt, allein die Tatsache, dass mehr Transaktionen stattfinden, kann zu einer Reduzierung der Volatilität führen.

Das lässt sich beweisen, und zwar anhand von Zwiebeln. Im Jahr 1958 überzeugten Zwiebelfarmer einen Kongressabgeordneten aus Michigan namens Gerald Ford (den späteren Präsidenten) davon, dass die Spekulanten den Zwiebelmarkt ruinieren und die Preise drücken würden. Er unterstützte einen Gesetzentwurf, der dann verabschiedet wurde (und bis heute Gesetz ist) und die Spekulation mit Zwiebeln verbot.

War danach am Zwiebelmarkt alles eitel Sonnenschein? Nicht wirklich. Wenn Sie meinen, der Ölpreis sei volatil, haben Sie sich noch nie die Zwiebelpreise angesehen. Abbildung 4.2 zeigt den Ölpreis und den Zwiebelpreis – schon bei flüchtigem Hinschauen sieht man, dass die Auf- und Abschwünge am Zwiebelmarkt viel größer und häufiger sind (Kompliment an Mark J. Perry und John Stossel).

**Abb. 4.2: Volatile Zwiebeln**

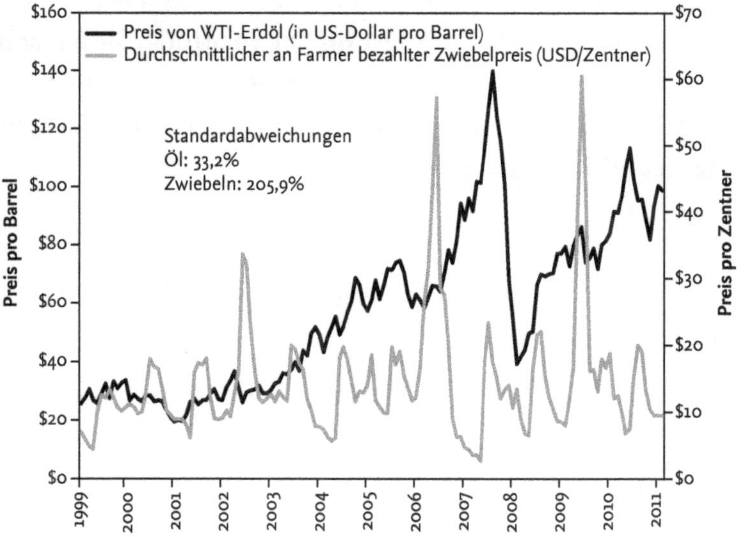


**Quelle:** Global Financial Data, Inc., Stand 25.09.2012, West Texas Intermediate Oil Price (US-$/Barrel) and Onions, Average Price to Farmers (USD/CWT) vom 31.12.1999 bis zum 31.12.2011.

Trauen Sie nicht ausschließlich Ihren Augen. Sie können auch die Standardabweichung messen. Die Standardabweichung des Ölpreises von 2000 bis zum Jahresende 2011 betrug 33,2 Prozent, die des Zwiebelpreises aber 205,9 Prozent!

Denken Sie daran, wenn Ihnen wieder jemand sagt, das Allheilmittel für die Krankheiten des Marktes sei das Verbot von Spekulanten. Eine solche Maßnahme würde die Volatilität nicht unbedingt senken, sondern könnte sie sogar erhöhen – außerdem würde sie die Transparenz mindern und die Preisfeststellung verlangsamen. (Die Politiker können nicht und werden nie verstehen, wie die freie Marktwirtschaft funktioniert. Ich bin überzeugt, dies liegt an einem Virus, der in den ersten zwölf bis 24 Monaten, nachdem sie in ein wichtiges Amt gewählt wurden, einen Teil ihres Gehirns zerstört.) Also bedanken Sie sich beim Spekulanten und haben Sie keine Angst vor der Volatilität. Sie hat keine Vorhersagekraft, sie kann nach oben gehen, ohne dass sie nach unten geht, und im Laufe der Zeit geht sie öfter nach oben. Heißen Sie sie freundlich willkommen.

# Kapitel 5

# Der Heilige Gral – die Bewahrung und Mehrung des Kapitals

„Man kann das Kapital gleichzeitig bewahren und vermehren!“

Wenn Ihnen jemand eine Strategie der „Bewahrung und Mehrung von Kapital“ schenken würde, würden Sie sie annehmen? Klingt ja ganz gut. Wer möchte nicht einerseits Kapitalwachstum in der Größe, wie es mit Aktien erreicht wird, und andererseits die Absicherung des Kapitals gegen Verlust? Und beides gleichzeitig!

Und wer möchte nicht jeden Abend ein Rib-Eye-Steak und danach einen Eisbecher essen, aber nie zunehmen?

Mit der Idee, man könnte die Erhaltung des Kapitals *und* sein Wachstum gleichzeitig als einheitliches Ziel anstreben, ist es nicht anders als mit der Vorstellung eines kalorienarmen, fettlosen Abendessens mit Rib-Eye-Steak und Eisbecher ohne Schuldgefühle: Sie ist ein Märchen.

## Für die Kapitalbewahrung wäre *gar keine* Volatilität nötig …

Klären wir als Erstes ein paar gängige Fehlauffassungen bezüglich der Vermögensbewahrung auf. Wahrscheinlich taugt dieses Ziel für weniger Menschen, als man meint. Und wenn Sie meinen, Sie würden das auf lange Sicht wollen (oder brauchen), dann fragen Sie sich, warum. Wahre Kapitalbewahrung bedeutet, dass der absolute Wert des Portofolios niemals fallen darf.

Und um diese wahre Kapitalerhaltung zu erzielen, muss man möglichst das gesamte Volatilitätsrisiko beseitigen. (Wie in Kapitel 3 besprochen, ist die Volatilität aber nicht das einzige Risiko, das man als Anleger bedenken muss.) Doch wenn man das Volatilitätsrisiko beseitigt, umgeht man nicht nur die Zeiten, in denen die Aktien fallen, sondern auch die 72 Prozent aller Jahre, in denen die Aktien steigen! Im Endeffekt ist man dann auf Bargeldinstrumente und Bargeldäquivalente beschränkt, was im Laufe der Zeit wahrscheinlich zur Aufzehrung der Kaufkraft durch die Inflation führt.

Natürlich könnte man eine bessere Rendite als mit Bargeld erzielen, wenn man in Schatzanleihen investieren würde. Aber wenn man das richtig macht, gibt man einen Teil seiner Flexibilität auf. Wie kommt das? Schatzanleihen unterliegen Preisschwankungen und es gibt kürzere Perioden mit negativen Renditen (siehe wiederum Kapitel 3). Wenn man Schatzanleihen also vor dem Ende ihrer Laufzeit verkauft, kann man damit Verlust machen. (Ja, das ist das Gegenteil einer Strategie der Kapitalerhaltung.) Damit man mithilfe von Schatzanleihen sein Kapital bewahren kann, muss man sie daher bis zur Fälligkeit halten.

Aber diese Strategie kann *immer noch* hinter der Inflation zurückbleiben. Im langjährigen Durchschnitt beträgt die Inflation drei Prozent.[1] Während ich dies schreibe, betragen die Zinsen auf 10-jährige Schatzanleihen 1,6 Prozent[2] und die auf 30-jährige 2,8 Prozent[3]. Wenn Sie Ihr Vermögen für 30 Jahre fest anlegen, liegen Sie also vielleicht *knapp* unter der Inflation. Und wenn Sie die Papiere nicht bis zum Laufzeitende halten, können Sie wie gesagt einen Verlust erleiden. Da sich außerdem die Zinsen auf einem historischen Tiefstand befinden, ist die Wahrscheinlichkeit von steigenden Zinsen in der langen Zeit, die vor Ihnen liegt, groß, sodass der Wert Ihres Anleiheportfolios sogar sinken würde.

Das ist Kapitalbewahrung – die Abwesenheit des Volatilitätsrisikos. Wahre Kapitalbewahrung ist deshalb für Anleger mit langem Zeithorizont meistens nicht geeignet.

## ... aber für Wachstum schon!

Auf der anderen Seite ist für Wachstum – auch für leichtes Wachstum – durchaus ein gewisses Volatilitätsrisiko nötig. Das ist das Gegenteil der Kapitalerhaltung. Ich kann es gar nicht oft genug sagen: Ohne Volatilität nach unten gibt es keine Volatilität nach oben. Und wie in Kapitel 1 gezeigt, findet Volatilität nach oben öfter (in 72 Prozent aller Jahre) und in größerem Maße statt, auch wenn sich unsere Gehirne nicht in dieser Form daran erinnern.

Man kann ganz einfach nicht als einheitliches Ziel die Bewahrung und das Wachstum des Kapitals anstreben. Das ist logisch unmöglich. *Es gibt keine Volatilität nach oben ohne Volatilität nach unten.* Wenn Ihnen jemand etwas anderes erzählt, lügt er Sie an. Vielleicht unabsichtlich, was schlimm ist. Vielleicht aber auch absichtlich, was noch schlimmer ist! Je mehr Wachstum Sie brauchen, umso mehr kurzfristige Volatilität sollten Sie erwarten. Daran führt kein Weg vorbei. Akzeptieren Sie diese Tatsache gleich jetzt, dann geraten Ihre Erwartungen nicht aus dem Lot. (Und Erwartungen, die aus dem Lot sind, können wirklich großen Schaden anrichten – siehe Kapitel 17.)

Und ja, hohe kurzfristige Volatilität kann schwer zu ertragen sein – aus diesem Grund erreichen viele Anleger ihre langfristigen Ziele nicht, weil sie stets zu den falschen Zeiten ein- und wieder aussteigen.

Lassen Sie mich das einmal für einen Moment scheinbar umdrehen: Die Erhaltung und das Wachstum als einheitliches, kombiniertes Ziel ist unmöglich. Aber sehr wahrscheinlich kann man als *Ergebnis* eines langfristigen Wachstumsziels sein Kapital auf lange Sicht bewahren.

Wie in Kapitel 1 gezeigt, haben sich die Aktien über rollierende 20-Jahres-Zeiträume noch nie negativ entwickelt (und sie haben die Anleihen fast immer mit großem Abstand übertroffen). Die Vergangenheit ist zwar nie eine Garantie für die Zukunft, aber sie sagt einem, ob es vernünftig ist, etwas Bestimmtes zu erwarten. Die Natur des Menschen hat sich bisher nicht so sehr geändert und wird sich auch während Ihrer Lebenszeit (oder derjenigen Ihrer Kinder und Kindeskinder oder in den nächsten Jahrtausenden) nicht so sehr ändern, dass die Macht der Motivation durch Profit abnehmen wird. Daher ist es an sich sehr wahrscheinlich, dass die Aktien auch noch in weiter Zukunft überlegene Renditen abwerfen werden.

Und daher ist es wiederum sehr wahrscheinlich, dass Ihr gut diversifiziertes Aktienportfolio nach den nächsten 20 Jahren gewachsen sein wird – vielleicht sogar sehr gewachsen. Vielleicht hat es sich verdoppelt, verdreifacht oder so. Somit haben Sie Ihr Kapital gemehrt *und* bewahrt, während Sie unterwegs Volatilität erlebt haben.

Ja, Sie werden kürzere Zeiträume mit negativen Erträgen durchgemacht haben. Und ja, zu manchen Zeiten ist Ihr Portfolio vielleicht unter seinen Anfangswert gefallen. Doch über längere Zeiträume gesehen sind die Karten massiv zu Ihren Gunsten gemischt, sodass Sie Wachstum erfahren und somit auch Ihr Kapital bewahren werden. Wenn Sie hingegen die Kapitalbewahrung als Ziel anstreben, haben Sie nach 20 Jahren wahrscheinlich nicht viel mehr als Ihren Anfangswert.

Folglich hat jeder, der Ihnen Kapitalerhaltung und Wachstum *als einheitliches, kombiniertes Ziel* verkauft, entweder keine Ahnung von Finanztheorie oder er versucht, Sie hereinzulegen. Und beides ist schlecht.

# Kapitel 6

## Der Crash aufgrund der Diskrepanz zwischen BIP und Börse

„Die Aktien müssen einen Crash erleiden, weil sie dem BIP davonlaufen!“

Hin und wieder poltert ein Fachmann im Fernsehen, die Renditen der Aktien seien nicht mehr tragbar und müssten irgendwann zusammenbrechen, weil sie der Wachstumsrate der US-Wirtschaft mit Abstand davonlaufen.

Das stimmt sogar! Langfristig betrug das BIP-Wachstum in den Vereinigten Staaten circa drei Prozent, aber die US-Aktien haben annualisiert um zehn Prozent zugelegt.[1] Dazwischen klafft eine große Lücke. Und wenn Sie (wie so viele) der Meinung sind, mit der Zeit müssten die beiden Wachstumsraten grob zusammenfallen, könnten Sie befürchten, die Spanne zwischen ihnen würde gewissermaßen Phantomrenditen darstellen. Wenn die Produktion unseres Landes im Schnitt um drei Prozent im Jahr wächst, woher zum Teufel kommt dann die zusätzliche Rendite?

Betrachtet man die Kluft auf diese (unrichtige) Weise, ist sie besorgniserregend. Um diese über viele Jahre aufgelaufene Kluft zu schließen, müssten die Aktien schon sehr weit einbrechen. Hoppla!

Bloß dass die Aktienrenditen und das BIP-Wachstum nicht miteinander verknüpft sind. Sie fallen deshalb nicht zusammen, weil sie nicht zusammenfallen sollten. Die Aktien können, sollten und werden wahrscheinlich auch weiterhin im Schnitt jährlich eine deutlich höhere Rendite bringen als das BIP-Wachstum. Und wenn man darüber nachdenkt, was das BIP ist und was Aktien sind, leuchtet das auch ein.

## Das BIP misst den Ausstoß, nicht den Gesundheitszustand der Wirtschaft

Das BIP ist ein Versuch, den landesweiten Ausstoß zu messen – wenn auch ein wackeliger und unvollkommener. Es ist auf Erhebungen und Annahmen aufgebaut und wird häufig neu angegeben

– oft noch nach Jahren. Es misst weder die nationalen Vermögenswerte noch das nationale Vermögen und versucht das auch gar nicht. Vielmehr gibt es den normalen wirtschaftlichen Fluss an.

Sehen Sie das einmal so: Ende 2011 betrug das BIP der Vereinigten Staaten rund 15,3 Billionen (heutige) Dollar.[2] Wenn das BIP-Wachstum für das Gesamtjahr 2012 gleich null wäre (unwahrscheinlich), betrüge das BIP ... immer noch rund 15,3 Billionen Dollar. Wenn das BIP-Wachstum der Vereinigten Staaten fünf Jahre lang glatt stagnieren würde (was unwahrscheinlich und bizarr wäre), hätten sie am Ende der fünf Jahre trotzdem einen Ausstoß von 76,5 Billionen Dollar in die Welt gesetzt.

Und auch wenn viele Menschen dies glauben, spiegelt das BIP das Wohlergehen der Wirtschaft nicht vollkommen wider. Grundsätzlich berechnet es sich so:

BIP = Private Konsumausgaben + Bruttoinvestitionen +
Staatsausgaben + Außenbeitrag (Export - Import)

Die Bruttoinvestitionen setzen sich zusammen aus gewerblichen Investitionen (man kann sich das als Unternehmensausgaben vorstellen) plus privaten Investitionen plus Änderungen der Vorräte.

Da das BIP den Außenbeitrag enthält und die Vereinigten Staaten seit Jahrzehnten ein Netto-Importeur sind, macht uns das ständig einen Strich durch die Rechnung. Wenn man mehr importiert als exportiert, geht das zwar vom Ausstoß ab, aber das ist nicht unbedingt schlimm. Man kann es sogar als Zeichen der wirtschaftlichen Gesundheit sehen! Es gibt große entwickelte Länder, die Netto-Importeure sind (etwa die Vereinigten Staaten und Großbritannien) und höhere jährliche Wachstumsraten haben als Netto-Exporteure (etwa Japan und Deutschland). Und schrumpfende Importe sind nicht gut. Wenn die Importe im Verhältnis zu den Exporten radikal fallen würden, dann würde das sogar das BIP vergrößern. Aber so etwas ist wahrscheinlich ein Anzeichen für schwere Probleme, zum Beispiel für eine einbrechende Nachfrage in einer Rezession.

Außerdem sind viele Waren, die wir importieren, Zwischenprodukte oder Halbfertigprodukte. Sie werden mit Waren kombiniert, die hier oder andernorts gefertigt wurden, und dann hier oder im Ausland verkauft (wodurch sie einen Beitrag zum BIP leisten). Und wenn US-Firmen, die sich ein Produkt ausdenken und es dann verpacken, vermarkten und verkaufen, dafür billigere Wareneingänge importieren können, erhöht das ihre Gewinnspannen und somit den Shareholder Value (zu dem wir bald kommen werden). Ach ja, das ermöglicht es den US-amerikanischen Verbrauchern außerdem, Produkte von höherer Qualität billiger zu kaufen. Aber die BIP-Erbsenzähler können diesen Nutzen nicht erfassen.

## Sinkende Staatsausgaben sind gut, nicht schlecht

Sinkende Staatsausgaben senken also das BIP. (Ein Grund, weshalb das US-BIP 2011 und Anfang 2012 nicht auf vollen Touren lief, waren die schrumpfenden Staatsausgaben!) Aber schrumpfende Staatsausgaben sind nicht zwangsläufig negativ. Wenn man einen längerfristigen Standpunkt einnimmt, können sie sogar positiv sein!

Schauen Sie sich die sogenannten PIIGS-Staaten an: Portugal, Italien, Irland, Griechenland und Spanien. Nehmen wir Irland für einen Augenblick heraus, denn seine Wirtschaft war und ist strukturell wettbewerbsfähig und seine Schuldennöte hatten vor allem mit den notleidenden Banken zu tun, die vom Staat gerettet wurden. In den verbleibenden PIGS hingegen haben die seit Jahrzehnten aufgeblähten Staatsausgaben den privatwirtschaftlichen Sektor verdrängt – in den einzelnen Ländern in unterschiedlichem Maße. Deshalb sind ihre Volkswirtschaften viel weniger wettbewerbsfähig als die eines großen Teils von Kerneuropa. Die Privatwirtschaft gibt ihr Kapital unendlich klüger und effizienter aus als jeder Staat. Wenn ein Unternehmen Geld ausgibt, stammt das Kapital ja aus dem Gewinn oder aus einem Darlehen. Wenn die betreffende Ausgabe später nicht in höheren Gewinnen resultiert, gibt es das Unternehmen irgendwann nicht mehr. Das ist die schöpferische Zerstörung, eine mächtige Kraft, die zum Wohle der Gesellschaft wirkt.

Der Staat unterliegt aber nicht den Kräften der schöpferischen Zerstörung. Wenn der Staat Geld ausgibt, holt er es sich zunächst einmal von Ihnen und mir. Und dann können Sie und ich dieses Geld nicht mehr klug für Dinge ausgeben, die wir brauchen oder wollen. Wir können es auch nicht mehr für die Gründung eines neuen Unternehmens ausgeben. Oder ein Unternehmen kann es nicht mehr ausgeben, um tolle neue Produkte zu erforschen, seine Anlagen aufzurüsten, Arbeitskräfte einzustellen und so weiter und so fort. Der Staat nimmt also Privatpersonen und Firmen das Geld weg, die es klug ausgeben, indem sie ihre Eigeninteressen verfolgen. Dann spielt er ein bisschen damit herum und gibt es für etwas aus, dessen Wert zweifelhaft ist.

Wenn der Staat das Geld schlecht ausgibt (was er oft tut), geht er nicht pleite. Und wenn er später wieder Geld braucht, muss er nichts von Wert schaffen, das Profit generiert. Er verlangt von uns einfach mehr Steuern! (Jedes Privatunternehmen, welches so arbeiten würde, wäre pleite, bevor ich diesen Satz fertig tippen könnte.)

Wenn die Politiker das Geld so richtig schlecht ausgeben, verlieren manche von ihnen vielleicht bei der nächsten Wahl ihren Job. Aber dann werden sie einfach durch andere Politiker ersetzt, die ebenfalls nicht im Entferntesten die gleiche finanzielle Rechenschaft ablegen müssen wie Sie oder ich oder ein Privatunternehmen. Und wenn ein Politiker das Geld so richtig, richtig schlecht ausgibt, wird er vielleicht Vorsitzender des Haushaltsausschusses.

Wenn nun viele Menschen argumentieren, die PIIGS-Länder hätten *zu viele Schulden* und dies sei die eigentliche Wurzel ihrer Probleme, dann liegen sie damit falsch. Nein, es gibt keine Schuldenmenge, die an sich richtig oder falsch oder erwiesenermaßen problematisch wäre (siehe Kapitel 13). Das Problem dieser Länder sind Jahrzehnte mit zu viel Staat.

## Zu weit und zu schnell?

Und damit kommen wir zu den Aktien. Aber bleiben Sie noch einen Moment bei mir, bevor wir dazu kommen, was Aktien eigentlich sind, und räumen wir erst mit einer weiteren Fehlauffassung auf. Eine Variation über das Thema der Nichtübereinstimmung zwischen dem BIP und den Aktien besagt, dass die Aktien zu weit und zu schnell gestiegen sind – und dass alles, was steigt, auch wieder fallen muss. Normalerweise führen Menschen, die dieses Argument bringen, einen Chart an, der ungefähr so aussieht wie Abbildung 6.1, die den Gesamtertrag des S&P 500 im zeitlichen Verlauf zeigt.

Es sieht aus, als verzeichneten die Aktien im Laufe der Geschichte ziemlich stetige Erträge. Und dann starteten sie etwa ab

**Abb. 6.1: Aktienerträge in den Vereinigten Staaten, linear – der Schein trügt**

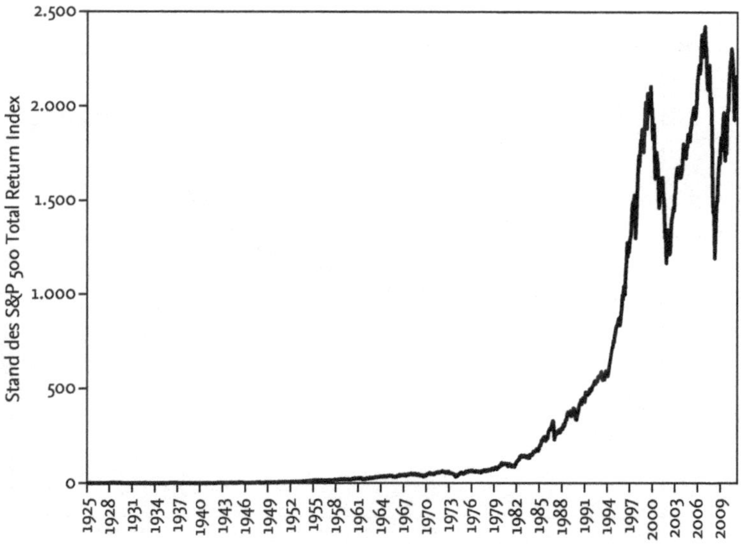


**Quelle:** Global Financial Data, Inc., Stand 24.09.2012, S&P 500 Total Return Index vom 21.12.1925 bis zum 31.12.2011,[3] lineare Darstellung.

Mitte der 1980er-Jahre durch. Dann, gegen Ende der 1990er-Jahre wurde die Sache superverrückt und unhaltbar. Danach hatten wir zwei große Baissen – die in diesem Chart massiv aussehen und welche womöglich die schlimmsten Befürchtungen derjenigen bestätigen, die meinen, die Aktien seien zu weit und zu schnell gestiegen.

Denken Sie zuerst einmal über die beiden Baissen nach. Sie waren die beiden schwersten seit der Großen Depression. Und dann schauen Sie sich das Jahr 1929 im Chart an. Kaum ein Pieps! Irre. Doch Sie wissen bereits, dass das in Wirklichkeit nicht so war und dass etwas dahintersteckt.

**Abb. 6.2: Aktienerträge in den Vereinigten Staaten, logarithmisch – der Schein trügt**

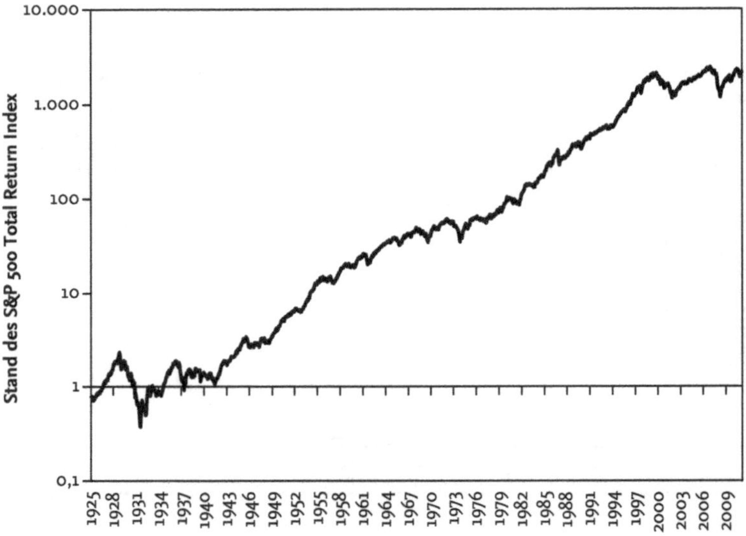


**Quelle:** Global Financial Data, Inc., Stand 24.09.2012, S&P 500 Total Return Index vom 21.12.1925 bis zum 31.12.2011,[4] logarithmische Darstellung.

Sehen Sie sich jetzt Abbildung 6.2 an, die ebenfalls die langfristigen Erträge zeigt. Aber diesmal ist der Chart weder kopflastig noch beängstigend – obwohl die Zahlen, die den Abbildungen 6.1 und 6.2 zugrunde liegen, dieselben sind. Der Unterschied ist, dass Abbildung 6.1 eine lineare und Abbildung 6.2 eine logarithmische Darstellung ist.

Lineare Skalen sind in Ordnung und werden ständig für die Darstellung von Erträgen verwendet. Sogar für Aktien sind sie zur Illustration über kürzere Zeiträume in Ordnung. Wenn man eine lineare Skala für die längerfristige Darstellung von Kumulationen verwendet, gibt es allerdings das Problem, dass jede Aufwärtsbewegung um einen Punkt den gleichen vertikalen Raum einnimmt.

Auf einer linearen Skala erscheint eine Bewegung von 1.000 auf 1.100 riesengroß, aber eine Bewegung von 100 auf 110 winzig klein. Doch in Wirklichkeit ist das nicht so. Beide Bewegungen sind Anstiege um zehn Prozent und sollten gleich aussehen! Da sich die Erträge über fast 100 Jahre hinweg kumuliert haben, sehen die späteren Erträge im Chart deshalb so astronomisch aus, weil das Niveau des Index an sich höher ist.

Eine logarithmische Skala dämpft diesen Effekt und ist eine bessere Betrachtungsweise langfristiger Markterträge. Auf einer logarithmischen Skala sehen prozentuale Veränderungen auch dann gleich aus, wenn sich die absoluten Preisänderungen immens voneinander unterscheiden – eine Bewegung von 100 auf 200 sieht genauso aus wie eine von 1.000 auf 2.000 – beides sind Anstiege um 100 Prozent. Und auf diese Art nehmen Sie und Ihr Portfolio Marktveränderungen wahr.

## Was sind eigentlich Aktien?

Wie in Kapitel 1 besprochen, sind Aktien ein Stück Eigentum an einer Firma – kein Stückchen von der aktuellen oder künftigen inländischen Wirtschaftsproduktion. Wenn man eine Aktie kauft, gehört einem ein Stückchen eines Unternehmens und seiner künftigen Gewinne. Und man erwartet natürlich, dass die Gewinne mit der Zeit steigen, denn sonst würde man ja die Aktie nicht kaufen.

Abbildung 6.3 zeigt den Gewinn der S&P-500-Unternehmen pro Aktie und darüber die Preisentwicklung des S&P 500. Sie folgen einander nicht immer und nicht perfekt, aber doch ziemlich genau. Und so sollte es auch sein! Aber Gewinne werden nicht in

**Abb. 6.3: S&P im Vergleich zum Gewinn je Aktie**

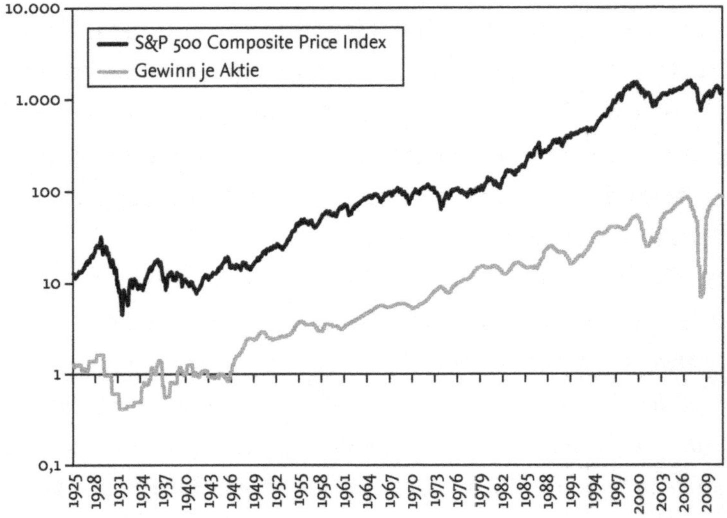


**Quelle:** Global Financial Data, Inc., Stand 24.09.2012, S&P Price Index vom 31.12.1925 bis zum 31.12.2011.

das BIP eingerechnet. Die *Ausgaben* der Unternehmen schon, aber nicht ihre Gewinne.

Natürlich können die Ausgaben der einen Firma zu dem Gewinn einer anderen beitragen. Und der Gewinn einer Firma kann davon beeinflusst werden, ob eine Volkswirtschaft wächst oder nicht und wenn ja, wie schnell. Aber der Gewinn ergibt sich aus den Einnahmen abzüglich der Kosten – und das BIP ist mit beiden nicht unmittelbar verbunden.

Börsennotierte Unternehmen, also Aktien, operieren in unserer Volkswirtschaft. Aber die Börse und die Wirtschaft sind nicht das Gleiche und sie sind nicht im Entferntesten austauschbar. Die

Wachstumsraten des BIPs und der Aktienerträge hängen nicht unmittelbar zusammen und das sollten sie auch nicht. Die Unternehmensgewinne und somit auch die Aktienkurse können und werden wahrscheinlich im Laufe der Zeit weiterhin schneller wachsen als das BIP – in den Vereinigten Staaten und weltweit. Denn Aktien repräsentieren den ununterbrochenen, exponentiellen Aufwärtslauf des Zusammenpralls von Innovationen, die im Laufe der Zeit zu höheren Gewinnen beitragen. Durch den Wirtschaftsfluss lässt sich das nicht erfassen.

# Kapitel 7

## Immer und ewig zehn Prozent!

„Wenn die Aktien zehn Prozent abwerfen, kann ich immer und ewig zehn Prozent abschöpfen.“

Es gibt Menschen, die bezweifeln, dass Aktien weiterhin überlegene Erträge abwerfen können. Diese Leute sollten mehr an den Kapitalismus glauben und/oder noch einmal Kapitel 1 lesen.

Es gibt aber auch welche, die glauben an die langfristige Überlegenheit der Aktien. Absolut! Demnach sollen Aktien von nun an bis in alle Ewigkeit im Schnitt zehn Prozent im Jahr liefern. Sie glauben fest daran, sie könnten mir nichts, dir nichts jedes Jahr zehn Prozent abschöpfen.

Bis zu einem gewissen Punkt teile ich diesen Optimismus. Ich bin aber nicht blind davon überzeugt, dass Aktien in dem vor uns liegenden langen Zeitraum im Durchschnitt zehn Prozent im Jahr abwerfen *müssen*. Ich vermute zwar, dass sie die Anleihen über lange Zeiträume und mit großem Abstand übertreffen werden – und dass ihre langfristige Rendite wahrscheinlich in der Nähe des historischen Durchschnitts von zehn Prozent liegen wird. Aber zu planen, jedes Jahr zehn Prozent abzuschöpfen, ist ein absolutes Katastrophenrezept, denn es ignoriert die riesigen Schwankungen der Renditen.

## Die Aktienrenditen sind höher – und sie schwanken

Wie in Kapitel 1 und an anderer Stelle besprochen, sind die Schwankungen der kurzfristigen Aktienrenditen einer der Gründe, weshalb Aktien langfristig im Schnitt mehr abwerfen. Wir würden es alle *lieben*, wenn die Aktienrenditen stetiger wären (lesen Sie in Kapitel 17 mehr darüber), aber die Wirklichkeit sieht anders aus.

Abbildung 7.1 zeigt die Bereiche der Jahresrenditen des S&P 500 und ihre Häufigkeit. Das mit Abstand häufigste (37,2 Prozent der Jahre) Ergebnis sind Jahre, in denen die Aktien mit einem großen Plus schließen – über 20 Prozent. Am zweithäufigsten kommt es vor, dass die Aktien null bis 20 Prozent im Plus stehen – aber *nur selten* sacken sie um fast zehn Prozent ab.

Manchen Menschen kommt das hart an, aber Katastrophenjahre sind sehr selten – die Aktien verzeichnen nur in sieben Prozent aller Jahre einen „großen Rückgang“. Das ist selten! Nur in unserem Gedächtnis nehmen die Verlustjahre mehr Raum ein.

**Tab. 7.1: Durchschnittliche Renditen sind nicht normal – normale Renditen sind extrem**

| Jährlicher Renditebereich des S&P 500 | Fälle seit 1926 | Häufigkeit | |
|---|---|---|---|
| > 40% | 5 | 5,8% | Stark gestiegen (37,2% der Fälle) |
| 30% bis 40% | 13 | 15,1% | |
| 20% bis 30% | 14 | 16,3% | |
| 10% bis 20% | 17 | 19,8% | Leicht gestiegen (34,9% der Fälle) |
| 0% bis 10% | 13 | 15,1% | |
| -10% bis 0% | 12 | 14% | Leicht gefallen (20,9% der Fälle) |
| -20% bis -10% | 6 | 7% | |
| -30% bis -20% | 3 | 3,5% | Stark gefallen (7,0% der Fälle) |
| -40% bis -30% | 2 | 2,3% | |
| < -40% | 1 | 1,2% | |
| **Gesamtzahl Fälle** | 86 | | |
| **Einfacher Durchschnitt** | 11,7% | | |
| **Annualisierter Durchschnitt** | 9,7% | | |

**Quelle:** Global Financial Data, Inc., Stand 10.07.2012, S&P Total Return Index[1] vom 31.12.1925 bis zum 31.12.2011.

Man kann sich eine tiefe Grube graben, wenn man in der Nähe eines Börsentiefs zehn Prozent entnimmt – zum Beispiel wenn die Aktien in einer großen Baisse stecken, aber auch während kürzerer (aber sehr häufiger) Korrekturen. Wenn man einen sehr kurzfristigen Zeithorizont hat, macht das vielleicht nichts. Aber die meisten Leser dieses Buches haben wahrscheinlich einen viel längeren Zeithorizont – 20 Jahre oder mehr. Vielleicht sogar viel mehr!

Manche sagen sich vielleicht: Also gut, dann werde ich eben kein Portfolio haben, das so tief fällt." Okay. Das kann man machen, wahrscheinlich indem man die kurzfristige Volatilität dadurch senkt, dass man immer einen großen Anteil an festverzinslichen Wertpapieren hält. Aber dadurch senkt man auch seine erwartete Rendite. Ein solches Portfolio bringt wahrscheinlich über lange Zeiträume weniger als zehn Prozent im Jahr.

Andere könnten beschließen, Gewinne einfach mitzunehmen. In einem Jahr, in dem die Aktien um 25 Prozent steigen (was vorkommen kann), nehmen sie fröhlich ihre Gewinne mit und feiern das. Die Aktien steigen ja öfter, als sie fallen! Aber was tut man in einem Jahr, in dem die Aktien um 20 Prozent, um 30 Prozent oder noch mehr fallen, was in einer Baisse durchaus vorkommen kann? Steckt man dann *zusätzliches Geld* hinein, um seine willkürliche Grenze wieder zu erreichen?

Sagen wir, Sie haben ein Portfolio von einer Million Dollar, das auf 800.000 Dollar fällt – eine normale kurzfristige Bewegung, mit der man bei einem reinen Aktienportfolio rechnen muss. Wollen Sie dann warten, bis das Portfolio wieder bei einer Million steht, bevor Sie wieder Geld entnehmen? Oder werden die 800.000 Dollar zu Ihrer neuen Grundlinie? Die meisten Menschen können (oder wollen) mit solchen Cashflow-Schwankungen nicht leben.

## Ich nehme 5-prozentige Einlagezertifikate

In einer anderen Version sagen die Menschen vielleicht: „Ich kaufe einfach immer Einlagezertifikate und/oder Anleihen mit fünf Prozent Rendite. Das ist eine sichere Art, für immer ein Einkommen von fünf Prozent zu haben. Da brauche ich das Grundkapital gar nicht anzugreifen!" Wenn man 50.000 Dollar im Jahr braucht und ein Portfolio von einer Million hat, kauft man theoretisch einfach weiterhin Einlagezertifikate und/oder Anleihen zu fünf Prozent.

Das klingt zwar gut, aber das funktioniert auch nicht. Zunächst einmal sind fünfprozentige Einlagezertifikate im Jahr 2012 Fabelwesen. Es gibt keine! Fünfjährige Einlagezertifikate werfen weniger als zwei Prozent ab. Die beste Verzinsung für zehn Jahre, die ich gefunden habe, betrug 2,1 Prozent.[2] Aus Kapitel 3 wissen Sie, dass 10-jährige und 30-jährige Schatzanleihen 1,6 respektive 2,8 Prozent einbringen – weniger als den langfristigen Durchschnitt der Inflation![3]

Unternehmensanleihen sind auch nicht viel besser. Eine Firma mit astreiner Krediteinstufung (die aber keine Garantie gegen einen künftigen Zahlungsausfall ist) bezahlt 2,1 Prozent Zinsen.[4] Um höhere Renditen zu bekommen, muss man schon Junkbonds kaufen – während ich dies schreibe, werfen 10-jährige Schrottanleihen 6,6 Prozent ab.[5] Aber das ist wie gesagt *Schrott*! Wenn man sich mit Einlagezertifikaten und/oder Anleihen einen zuverlässigen Cashflow verschaffen will, ist eine Strategie, die massiv auf Junkbonds zurückgreift, wohl kaum angemessen. Man kann natürlich Junkbonds kaufen, um die erwartete Rendite zu steigern, aber wenn man diesen Weg geht, sind 6,6 Prozent verflucht wenig. Je nach den Zielen und dem Zeithorizont kann es sinnvoller sein, das höhere Ausfallrisiko der Junkbonds gegen die größere Volatilität von Aktien einzutauschen. Bei Aktien sind die langfristigen Renditen wahrscheinlich besser.

Das heißt, während ich dies schreibe, wirft das Portfolio von einer Million Dollar mit einem 10-jährigen Einlagezertifikat keine 50.000 Dollar ab, sondern wohl nur um die 21.000 Dollar.

Ja, die Zinsen auf Einlagezertifikate, Anleihen et cetera stehen auf historischen Tiefs. Irgendwann in der Zukunft werden sie wieder steigen. Vielleicht meinen Sie, Sie könnten einfach später das, was Sie jetzt haben, verkaufen, um sich davon höher verzinsliche Instrumente zu kaufen.

Doch vergessen Sie nicht: Es besteht eine umgekehrte Beziehung zwischen Rendite und Preis. Wenn die Zinsen steigen, fallen die Preise Ihrer Anleihen – wenn Sie sie verkaufen, können Sie dabei Verlust machen. Und normalerweise bezahlt man eine Strafgebühr, wenn man Einlagezertifikate vor dem Ende ihrer Laufzeit verkauft. Dann hat man einen geringeren Portfoliowert als Ausgangsbasis. Und das hatten Sie wahrscheinlich nicht vor.

Sie könnten aber auch bis zum Ende warten, damit Sie kein Kapital verlieren, und die höher verzinslichen Instrumente erst kaufen, wenn Ihre jetzigen fällig werden. Gar nicht dumm! Aber während der Wartezeit müssen Sie wahrscheinlich einen geringeren Cashflow in Kauf nehmen. Und wer weiß schon, wie lange es dauern wird, bis die Zinsen auf 5-jährige Einlagezertifikate von weniger als zwei Prozent wieder über fünf Prozent steigen? Vielleicht tun sie das für eine sehr, sehr lange Zeit nicht.

Und selbst dann dürfen Sie die Inflation nicht vergessen. Wenn Sie in heutigen Dollars gerechnet 50.000 brauchen, dann brauchen Sie in zehn Jahren wahrscheinlich schon 67.000 Dollar, um Ihre derzeitige Kaufkraft beizubehalten, wenn sich die Inflation künftig im Rahmen des langjährigen Durchschnitts bewegt.

In 20 Jahren bräuchten Sie schon über 90.000 Dollar (siehe Kapitel 2)!

Aber vielleicht steigen die Zinsen ja so richtig weit und so richtig schnell – und eines Tages können Sie ein Einlagezertifikat kaufen, das neun Prozent abwirft! Das würde doch Ihr Kaufkraftproblem lösen, oder?

Wahrscheinlich nicht. Die 90.000 Dollar nach 20 Jahren gehen von einer durchschnittlichen Inflation in diesem Zeitraum aus. In einem Szenario, in dem Einlagezertifikate neun Prozent einbringen (und zwar keine vorgetäuschten, wie sie der verurteilte Schwindler Sir R. Allen Stanford verkauft hat – siehe Kapitel 17), ist wahrscheinlich auch die Inflation stark gestiegen und hat Ihrer Kaufkraft einen schweren Schlag versetzt, sodass die hypothetischen 90.000 Dollar vielleicht gar nicht reichen.

Und wie sollte man nun aus einem Portfolio Einkommen beziehen? Lesen Sie in Kapitel 8 weiter.

Meiner Ansicht nach ist es eine klügere langfristige Strategie, alle seine Ziele festzulegen und sich eine passende Benchmark sowie eine langfristige Asset Allocation auszusuchen, die die Wahrscheinlichkeit erhöht, dass Sie diese Ziele auch erreichen. (Eine Anleitung, wie man das macht, finden Sie in meinem im Jahr 2012 erschienenen Buch „Plan Your Prosperity".) Unter anderem sollten Sie überlegen, ob die Benchmark Ihren inflationsbereinigten Cashflow über Ihren langen Zeithorizont tragen kann. Sowohl die 10-Prozent-Strategie als auch der 5-Prozent-Einlagezertifikate-Plan sind unhaltbare Mythen.

# Kapitel 8

# Hohe Dividenden für ein sicheres Einkommen

„Um im Ruhestand ein sicheres Einkommen zu haben, investiere ich einfach in Aktien mit hohen Dividenden."

Die Lebenserwartung steigt und wird das auch in Zukunft tun (siehe Kapitel 2). Die Menschen werden also wahrscheinlich während ihres Ruhestands mehr Geld ausgeben als je zuvor – und das vielleicht viel länger, als die meisten vorausgesehen haben. Genug Cashflow für die Finanzierung des Ruhestands zu bekommen ist damit bei vielen Anlegern die Hauptsorge.

Niemand will im Ruhestand Überraschungen erleben – vor allem nicht die Art von Überraschung, welche ein plötzliches Herunterschrauben der Ausgaben notwendig macht. Aber wie können Sie die Chancen erhöhen, dass Ihr Portfolio den für Ihren gesamten Zeithorizont erwarteten Cashflow abwirft?

Ein fast allgegenwärtiger Mythos besagt, man könne seinen Ruhestand mit einem Portfolio, das viele Aktien mit hohen Dividenden und/oder Festverzinsliche mit hohen Kupons enthält, leicht und berechenbar finanzieren. Diesem Glauben zufolge kann man die Rendite, wie hoch sie auch sein mag, unbesorgt ausgeben – vielleicht ohne jemals das Grundkapital anzugreifen! Viele Anleger – auch Profis – halten das für eine sichere (da ist es wieder – dieses Wort) Anlagestrategie.

Verlassen Sie sich nicht darauf. Dieser Mythos könnte zu sehr kostspieligen Fehlern führen, die Sie zwingen, Ihre künftigen Ausgaben herunterzuschrauben – ganz zu schweigen von der folgenden heiklen Unterhaltung mit Ihrem Ehepartner.

Zunächst einmal verwechselt diese Theorie ganz einfach das *Einkommen* mit dem *Cashflow*. Ja, technisch betrachtet sind Dividenden (und Zinszahlungen) durchaus Einkommen. In Ihrer Steuererklärung geben Sie sie als Einkünfte an. Und an beiden – Aktien, die Dividenden ausschütten, und festverzinslichen Wertpapieren – ist als Cashflow-Quelle nichts auszusetzen. Sie können je nach Ihren langfristigen Zielen und Ihrem langfristigen

Finanzierungsprofil durchaus für Sie geeignet sein. Welcher Anteil angemessen ist, kann ich Ihnen nicht sagen, weil ich Sie nicht kenne. Aber wenn Sie sich ausschließlich auf die beiden Genannten verlassen, könnten Sie ein immenses Minusgeschäft machen.

Die Finanztheorie sagt das eindeutig: Nach Steuern sollte es Sie nicht kümmern, woher der Cashflow kommt. Es ist egal, ob Sie ihn aus Dividenden, aus einem Kupon oder aus dem Verkauf von Wertpapieren bezogen haben. Cash ist Cash! Am meisten sollte es Sie stattdessen interessieren, dass Sie auf die Benchmark bezogen für Ihre Verhältnisse stets optimal investiert sind (also die geeignete langfristige Asset Allocation haben). Und ein Portfolio aus vielen Aktien mit hohen Dividenden leistet das vielleicht nicht. Aber wieso nicht?

Alle großen Aktienkategorien kommen in Mode und wieder aus der Mode – das gilt auch für Aktien mit hohen Dividenden. Value- und Growth-Aktien geben ihre Führungsposition ebenso wieder ab wie Small Caps und Big Caps. Alle großen Sektoren durchlaufen eine Rotation – Energie, Technologie, Finanzwerte, Materialien et cetera. Sie machen Phasen durch, in denen sie führend sind, und Phasen, in denen sie hinterherhinken. Das passiert immer, und zwar ohne Regelmäßigkeit. Und Aktien mit hohen Dividenden sind auch nur eine Aktienkategorie. Weder bringen sie eine bessere Performance noch sind sie weniger volatil. Manchmal laufen sie gut, manchmal mittelmäßig und manchmal erbärmlich (mehr dazu in Kapitel 9).

Manche Anleger glauben tief in ihrer Seele, eine Dividende sei ein Zeichen dafür, dass es einer Firma gut geht. Und wünscht man sich denn nicht ein Portfolio aus gesunden Aktien? Aber grundsätzlich ist ein Unternehmen, das eine Dividende ausschüttet, nicht besser als ein anderes – es generiert den Shareholder Value lediglich auf eine andere Art und Weise.

Manche Firmen entscheiden sich dafür, ihre Gewinne zu reinvestieren, um dadurch Shareholder Value zu erzeugen. Sie meinen vielleicht, wenn sie in neues Betriebskapital, in die Forschung, in die Übernahme von Konkurrenten oder ergänzenden Unternehmen (beziehungsweise in entsprechende Fusionen) investieren, würden die Anleger den Kurs ihrer Aktie in die Höhe treiben. Andere Firmen kommen vielleicht zu dem Schluss, Reinvestitionen würden das Wachstum nicht sehr steigern (entweder weil sie sich in einem bestimmten Marktzyklus befinden, wegen der Art des Unternehmens oder aus einem anderen Grund). Deshalb erzeugen sie vielleicht durch die Ausschüttung von Dividenden Shareholder Value, was man als Aktionär wahrnimmt. Wenn eine Firma eine Dividende bezahlt, fällt der Aktienkurs ungefähr um den Betrag der Dividende, wenn sich sonst nichts ändert. Denn schließlich gibt die Firma einen wertvollen Vermögenswert her – Bargeld.

Da Firmen, die hohe Dividenden ausschütten, tendenziell mehr Wert darin sehen, ihren Aktionären Bargeld zu geben, als den Gewinn zu reinvestieren, besteht eine Überschneidung zwischen Dividenden-Aktien und Value-Aktien. Hingegen schütten eher wachstumsorientierte Unternehmen meist geringe oder gar keine Dividenden aus (zumindest im Allgemeinen, aber das ist keine bindende Regel). Wenn Value-Aktien in Mode sind, dann sind es normalerweise auch Aktien, die hohe Dividenden abwerfen. Und wenn Growth-Aktien eine bessere Performance bringen als Value-Aktien, underperformen auch die Dividenden-Aktien.

Ich möchte es noch einmal sagen: Value-Aktien sind keine dauerhaft bessere Kategorie – sie wechseln sich hinsichtlich der Führungsposition mit Growth-Aktien ab. *Es gibt keine Kategorie, die zu allen Zeiten führend ist.* (In Kapitel 9 besprechen wir das noch ausführlicher.)

## Keine Garantien!

Aktien mit hohen Dividenden sind also nicht dauerhaft besser und haben im Laufe der Zeit keine wesentlich andere erwartete Volatilität oder Renditeeigenschaften. Genauso wichtig: Die Dividenden sind nicht garantiert. Firmen, die Dividenden auszahlen, können sie kürzen, und das tun sie auch. Oder sie streichen sie komplett! Das Versorgungsunternehmen PG&E, das eine lange Dividendenhistorie vorweisen kann, stellte die Zahlungen für vier Jahre ein und seine Aktie fiel von 2001 bis 2002 aus den unteren 30ern auf circa fünf Dollar. Banken und viele andere Unternehmen haben ihre Dividenden während der Kreditkrise 2008 zusammengestrichen.

Es ist auch ein Mythos, dass die schiere Existenz einer Dividende von der Gesundheit des Unternehmens zeuge. Wenn eine Firma eine Dividende bezahlt, muss sie doch reichlich Cash haben und sehr gesund sein, oder? Und je höher die Dividendenrendite, umso gesünder muss die Firma sein, oder?

Aber nicht doch. Während PG&E den erwähnten Kursverfall erlebte, *stieg* seine Dividendenrendite – jedoch nur weil sich die Rendite aus den früheren Ausschüttungen und dem aktuellen Aktienkurs berechnet. Die prozentual höhere Dividende war also nur ein Symptom des sinkenden Aktienkurses (danach stellte PG&E die Dividende vollständig ein). Das inzwischen dahingeschiedene Unternehmen Lehman Brothers bezahlte im August 2008 eine Dividende, also nur wenige Wochen vor seinem Zusammenbruch. Dividenden signalisieren also keine garantierte Sicherheit.

Und was ist mit Anleihezinsen? Wenn Sie sich vollständig oder zum Teil auf die Zinsen von Anleihen verlassen, haben Sie am Ende vielleicht eine zu große Allokation an festverzinslichen Wertpapieren, die gar nicht für Sie geeignet ist. Und das könnte die Wahrscheinlichkeit, Ihre langfristigen Ziele zu erreichen, beeinträchtigen.

Außerdem darf man das Zinsrisiko (siehe Kapitel 3) nicht außer Acht lassen. Was passiert, wenn man eine 10-jährige Anleihe mit 5-prozentigem Kupon hat, die 2012 fällig wird, und eine erst kürzlich begebene Anleihe, die hinsichtlich der Laufzeit, des Risikoprofils und der sonstigen Eigenschaften ähnlich ist, aber nur 1,6 Prozent abwirft? Während ich dies im Jahr 2012 schreibe, stehen die Anleiherenditen auf einem historischen Tief. Außer wenn Sie Anleihen kaufen, die als Junkbonds eingestuft sind (und so das Risiko Ihres Portfolios erhöhen, was womöglich nicht angebracht ist), bekommen Sie wahrscheinlich keine großartige Rendite.

Es ist zwar nichts Falsches daran, seinen Cashflow aus Dividenden oder Anleihen zu beziehen, aber man sollte nicht davon ausgehen, dass er dann risikolos wäre. Und man sollte sich nicht ausschließlich an diese beiden Kategorien binden.

## Hausgemachte Dividenden

Wenn Sie also einen Cashflow aus Ihrem Portfolio brauchen und sich nicht auf eine unangemessen hohe Allokation an Aktien mit hohen Dividenden und/oder festverzinslichen Wertpapieren festlegen wollen – was können Sie da tun? Sie wollen ja wohl keine Wertpapiere verkaufen, oder doch?

Aber natürlich! Warum denn nicht? Dafür sind sie schließlich da.

Ich bezeichne diese Taktik als „hausgemachte Dividenden“. Dieser Begriff stammt von mir und sagt aus, dass man sein Portfolio aberntet – allerdings in angemessener Weise – und trotzdem optimal investiert bleibt.

Und um das zu erreichen, kann man Wertpapiere verkaufen. Ja, das kann man! Die Menschen sagen oft: „Aber ich will kein Kapital verkaufen.“ Doch der Kauf und Verkauf einzelner Papiere ist unglaublich billig – kaum etwas hindert einen daran, sein Portfolio entsprechend der Benchmark optimal investiert zu lassen und gelegentlich Wertpapiere zu verkaufen, um sich Bargeld zu beschaffen.

Wenn man sich hausgemachte Dividenden beschafft, kann man gegebenenfalls auch eine gewisse Steuerplanung betreiben. Wenn man will, kann man Wertpapiere mit Verlust verkaufen, um einen Teil der Gewinne auszugleichen. In manchen Jahren mag das nicht gehen, aber trotzdem entstehen aus dem Verkauf von Aktien mit langfristigen Kapitalerträgen relativ geringe Steuerverbindlichkeiten. Und vielleicht ergibt sich daraus ein Verlustvortrag, der einen Teil davon dämpft.

Und ein gut diversifiziertes Portfolio enthält wahrscheinlich fast immer einige Aktien, die hohe Dividenden ausschütten, sodass immer noch ein gewisser Cashflow durch Dividenden anfällt. Aber Sie brauchen sich nicht von diesen Aktien mit höheren Dividenden die Hände binden lassen. Je nach Ihren Zielen und Ihrem Zeithorizont haben Sie vielleicht auch ein paar Anleihen, die Kuponzahlungen abwerfen – jedoch muss das je nach Ihrer Benchmark nicht unbedingt notwendig sein.

Ob man schon im Ruhestand ist, ob man darauf zugeht oder ob man noch 40 Jahre vor sich hat – man sollte sich als Anleger mehr um die Gesamtrendite kümmern (also Kurszuwächse plus

Dividenden) als bloß um die Dividendenrendite. Das erlaubt Ihnen, sich eine Benchmark auszusuchen, die sich an den eigenen Zielen und dem eigenen Zeithorizont orientiert, nicht nur an der Dividendenrendite. Wenn man sich ausschließlich auf die Dividendenrendite konzentriert, kann man weit hinter dem zurückbleiben, was man andernfalls bekommen hätte – weil die Dividenden-Aktien aus der Mode kommen oder weil die Dividenden immer wieder einmal schrumpfen oder gestrichen werden. Das ist keine tolle Strategie.

# Kapitel 9

# Die dauerhafte Überlegenheit von Small-Cap-Value-Aktien

„Small-Cap-Value-Aktien sind einfach besser als andere Aktien."

Hier handelt es sich um einen Mythos, dem viele professionelle Investoren und hartgesottene Enthusiasten erliegen. Sie sind überzeugt, niedrig kapitalisierte Value-Aktien seien grundsätzlich besser und wären tendenziell langfristig stets und für immer überlegen, in Ewigkeit Amen.

Das stimmt aber nicht. Wenn dem so wäre, dann wüssten wir es alle und jedermann würde nur in Small-Cap-Value-Aktien investieren. Es gibt aber auch hartgesottene (und ebenso fehlgeleitete) Anhänger anderer Größen- oder Stilkategorien von Aktien. Manche kaufen nur Technologie-Aktien, nur US-Aktien, nur Blue Chips, nur mittelgroße britische Pharma-Aktien, nur dies oder nur jenes. Man nenne eine Kategorie, dann gibt es eine Gruppe von Fans, die meint, damit hätte sie die langfristige Wunderwaffe gefunden – ihre geliebte Kategorie sei die beste und darüber hinaus seien keine Analysen nötig. Doch so tief ihre Liebe für die betreffende Kategorie auch sein mag, alle können sie nicht recht haben. Und in Wirklichkeit hat keine von ihnen recht.

## Dauerliebe oder Jagd nach heißer Luft?

Ein weiteres wichtiges Merkmal dieser Dauerliebe: So dauerhaft ist sie oft gar nicht. Manche Small-Value-Jünger bleiben zwar streng und eisenhart dabei, selbst während der (manchmal quälend langen) Perioden, in denen die Value Small Caps unterdurchschnittlich laufen, weil ihr Glaube daran so fest ist. Aber es gibt auch Anleger, die sich, wenn sie gemerkt haben, dass eine Kategorie eine vorübergehende Erfolgssträhne hat (Large Caps Mitte bis Ende der 1990er, Technologie Ende der 1990er, Finanzwerte Mitte der 2000er, Auslandsaktien in den 1980ern, US-Aktien während der gesamten 1990er, Emerging Markets Ende der 2000er und so weiter und so fort), denken: „Aha, das ist die beste

Kategorie! Die habe ich verpasst. Aber jetzt nicht mehr! Ich bin nun überzeugt, dass diese Kategorie die beste ist, und schichte jetzt massiv um.“ Oft schichten sie gerade dann um, wenn die Führungsposition wieder wechselt (was in unregelmäßigen Abständen immer wieder passiert), und liegen am Ende deutlich zurück. Vielleicht erleidet der angesagte Sektor einen Crash und sie sind ruiniert! Vielleicht beschließen sie auch (noch einmal), dass sie sich geirrt haben, kaufen eine andere Kategorie, die inzwischen seit einer Weile führend ist, und meinen nun, diese sei auf Dauer besser. Damit rennen sie aber bloß heißer Luft nach, sonst nichts.

Dieser Anlegertyp glaubt das allerdings nicht. Keineswegs! Wir alle wissen, es ist schlecht, den angesagten Moden nachzulaufen. Sie halten ihr Tun aber für rational und meinen, die längere Outperformance der letzten Zeit von Kategorie X sei ein Beweis für deren Überlegenheit. Und natürlich bringt eine bestimmte Aktienkategorie manchmal über lange Zeit eine bessere Performance. Das heißt aber nicht, dass sie auf Dauer überlegen wäre. Es heißt nur, dass die Stimmung hinsichtlich dieser Kategorie besonders gut war, dass die Fundamentaldaten ihre Outperformance eine Weile gerechtfertigt haben oder beides. Aber nur weil etwas für längere Zeit führend war, muss es nicht auch künftig für lange Zeit führend sein.

Ein Beispiel: Small Caps haben seit 1926 eine annualisierte Performance von 11,9 Prozent gegenüber den 9,9 Prozent des S&P 500 gebracht.[1] Ein Beweis für die Überlegenheit von Small Caps? Nicht wirklich. Ein großer Teil dieser Performance ignoriert die hohen Geld-Brief-Spannen, die bei den Small Caps in den 1930er- und 1940er-Jahren üblich waren – manchmal betrugen sie bis zu 30 Prozent des Kaufpreises. Wenn man damals wirklich Small

Caps gekauft und verkauft hätte, hätten die Kosten einen großen Teil der Erträge aufgezehrt – in den langfristigen Indexrenditen wird diese Tatsache aber nicht abgebildet.

Dazu kommt, dass kleine Aktien nach Baissen tendenziell enorm zurückfedern – je größer die Baisse, umso größer der Kurssprung. Aber das ist relativ kurzlebig. Außerdem springen die Small Caps deshalb so steil in die Höhe, weil sie in späteren Stadien von Baissen so steil fallen – viel stärker als der Gesamtmarkt. Wenn man auf einen großen Kurssprung der Small Caps wartet, muss man also auch ihr massives Abtauchen ertragen – was emotional äußerst hart ist. Abgesehen von einigen Phasen, in denen die Small Caps die verhältnismäßig größten Kurssprünge verzeichnet haben, übertreffen die Large Caps die Small Caps – und das normalerweise über quälend lange Zeiträume. In einen Anlagestil zu investieren, dessen im Verhältnis lohnenswerte Erträge selten und dünn gesät sind, kann einen mental und emotional auf eine harte Probe stellen.

Und selbst wenn man die Kurssprünge aus der Talsohle von Baissen perfekt abpassen könnte (was schwierig ist), gäbe es immer noch unzählige andere Möglichkeiten, riesige Erträge zu erzielen, die im betreffenden Fall besser wären als Small Caps. Denn die Zeiten, in denen die großen Aktien die kleinen übertreffen, sind lang genug, um selbst den geduldigsten Anleger komplett in den Wahnsinn zu treiben. Die meisten der längsten Haussen der Geschichte wurden von großen Aktien dominiert.

## Grundlagen des Kapitalismus

Tatsache ist: Um zu glauben, eine Kategorie sei dauerhaft und grundsätzlich besser, muss man grundsätzliche Prinzipien des Kapitalismus leugnen – allen voran die Tatsache, dass die Preise von den ständig in Bewegung befindlichen Kräften von Angebot und Nachfrage bestimmt werden. Im Wirtschafts-Grundkurs auf dem College hat man Ihnen das wahrscheinlich als Begierde beigebracht. Wie sehr sind die Verbraucher emotional darauf aus, etwas zu wechselnden Preisen zu kaufen (das ist die Nachfrage)? Zu höheren Preisen wollen die Verbraucher etwas meistens (aber nicht immer) weniger kaufen als zu niedrigeren Preisen.

Auch das Angebot hat etwas mit Begierde zu tun. Wie sehr sind die Anbieter darauf aus, bei verschiedenen Preisen mehr oder weniger von einer Sache zu produzieren? Normalerweise (aber nicht immer) wollen die Produzenten zu höheren Preisen mehr produzieren als zu niedrigeren Preisen. An einem bestimmten Punkt treffen die Begierden der Verbraucher und der Erzeuger zusammen – und das ist der Preis, den Sie bekommen. Ein Preis ist ein verblüffender Mechanismus. Die Menschen stellen sich das vielleicht nicht so vor, aber ein Preis ist eine einfache Manifestation von Tausenden, vielleicht auch Millionen oder Milliarden von Faktoren, die alle in einem Punkt zusammenlaufen, an dem ein Käufer kauft und ein Verkäufer verkauft. (Die Politiker wollen immer an den Preisen herumpfuschen, aber das liegt daran, dass sie keine Kapitalisten sind und den Preisbildungsmechanismus weder heute noch jemals verstehen werden.)

Warum habe ich zweimal geschrieben „aber nicht immer"? Manchmal wollen die Verbraucher auch zu einem höheren Preis mehr von einer Sache haben. Dafür muss der höhere Preis Teil des emotionalen Pakets sein, an das Prestige oder die wahrgenommene Qualität beziehungsweise an etwas anderes gebunden sein, das der Käufer wertschätzt. Wenn beispielsweise Apple ein iPhone der nächsten Generation produziert, stehen manche Leute Schlange, um das Produkt am ersten Tag zu bekommen, obwohl es in drei und in sechs Monaten immer noch das gleiche iPhone – nur deutlich günstiger – sein wird. Und manchmal senken technische Fortschritte die Kosten der Produzenten, sodass sie begierig sind, zu einem niedrigeren Preis mehr zu produzieren. (Im Prinzip ist das die praktische Wirkung des Moore'schen Gesetzes.) Das spiegelt jedoch alles nur unterschiedliche Grade der Begierde wider, zu konsumieren oder zu produzieren.

Zwar versuchen Medien und Experten, Aktienkursbewegungen an allen denkbaren Faktoren festzumachen, aber wenn man sie auf das Wesentliche reduziert, werden die Aktienkurse wie alles andere, was wir in der freien Marktwirtschaft kaufen, von Angebot und Nachfrage gesteuert.

Kurzfristig gesehen ist das Aktienangebot relativ fix. Erstemissionen (IPOs) und Neuemissionen erfordern enorm viel Zeit, Mühe und regulatorischen Aufwand – und sie werden lange im Voraus bekannt gegeben. Über Bargeld und Schuldpapiere abgewickelte Fusionen und Aktienrückkäufe senken zwar das Angebot, aber auch sie werden normalerweise im Vorfeld gemeldet. Konkurse können das Angebot ebenfalls reduzieren, aber sie geschehen nicht in ausreichendem Umfang, dass der Angebotszeiger der Aktien stark ausschlagen würde. Über einen Zeitraum von zwölf bis 24 Monaten gesehen dürfte es daher keine großen, unerwarteten Ausschläge des Aktienangebots geben. In einer solchen Situation regiert die Nachfrage, die weitgehend von der wankelmütigen Stimmung abhängt. Diese kann positiver oder negativer werden – und das kann schnell gehen.

Aber auf längere Sicht verdrängt der Angebotsdruck alles andere und das Aktienangebot kann in vollkommen unberechenbaren Mustern wachsen oder schrumpfen – durch Emissionen kann es wachsen, während es durch Rückkäufe beziehungsweise durch bar oder über Schulden abgewickelte Übernahmen schrumpfen kann.

Es passiert nämlich Folgendes: Eine bestimmte Kategorie zieht mehr Interesse auf sich – wie etwa Ende der 1990er-Jahre die Technologie-Aktien. Unternehmern und Wagniskapitalgebern fällt die steigende Nachfrage auf und sie sehen, dass die Anleger bereit sind, die Preise in der betreffenden Kategorie in die Höhe zu treiben – da lässt sich also vermutlich leicht Geld beschaffen. Diesen Trend wollen sie sich nicht entgehen lassen und die künftige Profitabilität mitnehmen, die ihrer Meinung nach mit relativ leichtem Geld erzielt werden kann. Gleichzeitig sehen auch die Investmentbanker, die den gesellschaftlichen Auftrag haben, Unternehmen den Zugang zu den Kapitalmärkten zu erleichtern, dass die Nachfrage nach Kategorie X steigt, und helfen den Unternehmern, indem sie neue Aktien oder neue Anleihen begeben, mit denen diese sich Geld für die Gründung einer Firma beschaffen können. Wenn das richtig gemacht wird, ist es für alle Beteiligten profitabel.

Vielleicht geht es auch nicht um eine neue, sondern um eine bereits existierende Firma, die sich die potenziellen Gewinne aus der heißen Kategorie X nicht entgehen lassen will. Also gibt auch sie neue Aktien oder Anleihen aus, um sich Geld für die Gründung einer neuen Sparte oder vielleicht für den Kauf eines anderen Unternehmens mit Know-how auf dem betreffenden Gebiet zu beschaffen. Vielleicht will sie auch nur Kapital haben, damit sie neue Anlagen kaufen oder Forschung und Entwicklung betreiben kann. Unternehmenseigner machen so etwas gern, denn sie stellen sich vor, dass ihre Aktivitäten in Zukunft großen Gewinn bringen werden. Und die Anleger kaufen die Aktien mit Freuden, denn sie wollen von den künftigen Gewinnen auch ein Stückchen abhaben. Und die Investmentbanker helfen den Firmen mit Freuden bei der Emission von Aktien oder Anleihen, weil das auch ihnen auf lange Sicht Gewinne bescheren kann. (Vergessen Sie nie, wie stark das Gewinnstreben als Kraft zugunsten des gesellschaftlichen Wohls wirkt.)

Die Investmentbanker drucken so lange neue Aktien für neue und etablierte Firmen, bis das Angebot irgendwann die Nachfrage ertränkt und die Preise wieder fallen.

Manchmal fallen die Preise langsam, manchmal fallen sie schnell – aber die Nachfrage geht auf jeden Fall zurück und die Investmentbanker wollen in der abgekühlten Kategorie nicht mehr so viele Aktien ausgeben. Lieber wollen sie Aktien in der nächsten heißen (oder auch nur warmen) Kategorie ausgeben – was das dortige Aktienangebot erhöht. Zwischenzeitlich wird das überschüssige Angebot in der erkalteten Kategorie dadurch abgeräumt, dass Unternehmen Aktien zurückkaufen oder Bankrott machen oder von anderen Firmen geschluckt werden. Das Angebot kann endlos wachsen und schrumpfen und überwindet langfristig alle größeren Nachfrageverschiebungen.

Und da die Firmen immer motiviert sein werden, sich Kapital zu beschaffen, und da die Investmentbanken immer motiviert sein werden, Unternehmen bei der nötigen (oder gewollten) Kapitalbeschaffung zu unterstützen, indem sie Aktien zur Befriedigung der Nachfrage emittieren (oder für die Firmen Rückkäufe und Übernahmen organisieren), wird das künftige Angebot zwar immer unvorhersehbar sein, aber langfristig die Nachfrage stets übertreffen.

Die Nachfrage dürfte unregelmäßig zwischen den einzelnen Kategorien hin und her fließen. Es gibt keinen fundamentalen Grund, weshalb Investmentbanker in zehn Jahren mehr Tech- als Energie-Aktien oder in größeren Kategorien betrachtet mehr

Small-Cap- beziehungsweise Large-Cap-Aktien emittieren wollen sollten. Jede Kategorie – wenn sie gut konstruiert ist – dürfte ihren eigenen Weg gehen, aber über sehr lange Zeiträume sehr ähnliche Renditen bringen, denn letzten Endes werden die langfristigen Erträge von den Angebotskräften bestimmt.

Man kann sich das auch so vorstellen wie in Abbildung 9.1. Diese sieht aus wie ein verrückter, chaotischer Flickenteppich ohne erkennbares Muster und zeigt die großen Anlageklassen (US-Large-Caps, ausländische Large Caps, große US-Wachstumsaktien, kleine Value-Aktien, Anleihen et cetera) und ihre relative jährliche Performance im Vergleich zu anderen Kategorien. Im Jahr 1992 liefen niedrig kapitalisierte Value-Aktien am besten und ausländische Aktien (MSCI EAFE) am schlechtesten. Im nächsten Jahr liefen die Auslandsaktien am besten! Aber die Kästchen wechseln immer wieder ihre Position. Wenn man den Gewinner vom letzten Jahr kaufte, bekam man also nicht unbedingt den Gewinner des nächsten Jahres – auch nicht, wenn man konträr agierte und den Verlierer vom letzten Jahr kaufte. Manchmal läuft ein Anlagestil eine Weile am besten und wird dann wieder begraben. Aber kein Kästchen ist überlegen und die Abbildung hat keine Vorhersagekraft.

Was Sie aus Abbildung 9.1 ebenfalls entnehmen können: Wenn Sie keinen fundamentalen Grund haben, etwas zu bevorzugen, außer dass es „heiß" ist, jagen sie wahrscheinlich bloß heißer Luft nach. Das mag aus purem Zufall für kurze Zeit funktionieren, aber langfristig ist das keine gewinnbringende Strategie. Tatsächlich ist es mit größerer Wahrscheinlichkeit eine langfristige Verluststrategie.

Verlieben Sie sich nicht auf Dauer. Liebe ist nur eine andere Form von Voreingenommenheit, die einen für die Realität blind macht.

**Abb. 9.1: Kein Anlagestil ist zu allen Zeiten der beste**

| 1992 | 1993 | 1994 | 1995 | 1996 | 1997 | 1998 | 1999 | 2000 | 2001 |
|---|---|---|---|---|---|---|---|---|---|
| Russell 2000 Value 29,1% | MSCI EAFE 32,6% | MSCI EAFE 7,8% | S&P/Citi Growth 39,4% | S&P/Citi Growth 25,7% | S&P/Citi Growth 33,5% | S&P/Citi Growth 41,0% | Russell 2000 Growth 43,1% | Russell 2000 Value 22,8% | Russell 2000 Value 14,0% |
| Russell 2000 18,4% | Russell 2000 Value 23,8% | S&P/Citi Growth 3,9% | S&P 500 Index 37,6% | S&P/Citi Value 23,9% | S&P 500 Index 33,4% | S&P 500 Index 28,6% | S&P/Citi Growth 35,9% | Barclays Agg 11,6% | Barclays Agg 8,4% |
| S&P/Citi Value 9,5% | Russell 2000 18,9% | S&P 500 Index 1,3% | S&P/Citi Value 37,2% | S&P 500 Index 23,0% | Russell 2000 Value 31,8% | MSCI EAFE 20,0% | MSCI EAFE 27,0% | S&P/Citi Value 6,5% | Russell 2000 2,5% |
| Russell 2000 Growth 7,8% | S&P/Citi Value 16,6% | S&P/Citi Value -0,6% | Russell 2000 Growth 31,0% | Russell 2000 Value 21,4% | S&P/Citi Value 31,5% | S&P/Citi Value 16,3% | Russell 2000 21,3% | Russell 2000 -3,0% | Russell 2000 Growth -9,2% |
| S&P 500 Index 7,6% | Russell 2000 Growth 13,4% | Russell 2000 Value -1,5% | Russell 2000 28,5% | Russell 2000 16,5% | Russell 2000 22,4% | Barclays Agg 8,7% | S&P 500 Index 21,0% | S&P 500 Index -9,1% | S&P/Citi Value -9,6% |
| Barclays Agg 7,4% | S&P 500 Index 10,1% | Russell 2000 -1,8% | Russell 2000 Value 25,7% | Russell 2000 Growth 11,3% | Russell 2000 Growth 12,9% | Russell 2000 Growth 1,2% | S&P/Citi Value 4,7% | MSCI EAFE -14,2% | S&P 500 Index -11,9% |
| S&P/Citi Growth 4,5% | Barclays Agg 9,8% | Russell 2000 Growth -2,4% | Barclays Agg 18,5% | MSCI EAFE 6,0% | Barclays Agg 9,7% | Russell 2000 -2,5% | Barclays Agg -0,8% | S&P/Citi Growth -22,2% | S&P/Citi Growth -19,5% |
| MSCI EAFE -12,2% | S&P/Citi Growth 0,2% | Barclays Agg -2,9% | MSCI EAFE 11,2% | Barclays Agg 3,6% | MSCI EAFE 1,8% | Russell 2000 Value -6,5% | Russell 2000 Value -1,5% | Russell 2000 Growth -22,4% | MSCI EAFE -21,4% |

| 2002 | 2003 | 2004 | 2005 | 2006 | 2007 | 2008 | 2009 | 2010 | 2011 |
|---|---|---|---|---|---|---|---|---|---|
| Barclays Agg 10,3% | Russell 2000 Growth 48,5% | Russell 2000 Value 22,2% | MSCI EAFE 13,5% | MSCI EAFE 26,3% | MSCI EAFE 11,2% | Barclays Agg 5,2% | S&P/Citi Growth 34,6% | Russell 2000 Growth 29,1% | Barclays Agg 7,9% |
| Russell 2000 Value -11,4% | Russell 2000 47,3% | MSCI EAFE 20,2% | S&P/Citi Value 9,3% | Russell 2000 Value 23,5% | S&P/Citi Growth 10,3% | Russell 2000 Value -28,9% | Russell 2000 Growth 34,5% | Russell 2000 26,9% | S&P/ Citi Growth 2,7% |
| MSCI EAFE -15,9% | Russell 2000 Value 46,0% | Russell 2000 18,3% | S&P/500 Index 4,9% | S&P/Citi Value 19,7% | Russell 2000 Growth 7,1% | Russell 2000 -33,8% | MSCI EAFE 31,8% | Russell 2000 Value 24,5% | S&P 500 Index 2,1% |
| S&P/Citi Value -16,2% | MSCI EAFE 38,6% | S&P/Citi Value 15,3% | Russell 2000 Value 4,7% | Russell 2000 18,4% | Barclays Agg 7,0% | S&P/Citi Growth -35,5% | Russell 2000 27,2% | S&P/Citi Value 17,1% | S&P/ Citi Value 0,7% |
| Russell 2000 -20,5% | S&P/Citi Value 31,6% | Russell 2000 Growth 14,3% | Russell 2000 4,6% | S&P 500 Index 15,8% | S&P 500 Index 5,5% | S&P 500 Index -37,0% | S&P 500 Index 26,5% | S&P 500 Index 15,1% | Russell 2000 Growth -2,9% |
| S&P 500 Index -22,1% | S&P 500 Index 28,7% | S&P 500 Index 10,9% | Russell 2000 Growth 4,2% | Russell 2000 Growth 13,4% | S&P/Citi Value 1,9% | Russell 2000 Growth -38,5% | S&P/Citi Value 21,6% | S&P/Citi Growth 14,1% | Russell 2000 -4,2% |
| S&P/Citi Growth -30,2% | S&P/Citi Growth 26,8% | S&P/Citi Growth 6,3% | Barclays Agg 2,4% | S&P/Citi Growth 11,4% | Russell 2000 -1,6% | S&P/Citi Value -38,9% | Russell 2000 Value 20,6% | MSCI EAFE 7,8% | Russell 2000 Value -5,5% |
| Russell 2000 Growth -30,3% | Barclays Agg 4,1% | Barclays Agg 4,3% | S&P/Citi Growth 2,3% | Barclays Agg 4,3% | Russell 2000 Value -9,8% | MSCI EAFE -43,4% | Barclays Agg 5,9% | Barclays Agg 6,6% | MSCI EAFE -12,1% |

**Quelle:** Thomson Reuters.[2]

# Kapitel 10

## Warten Sie, bis Sie sicher sind

„Die Aktien scheinen momentan so unsicher zu sein. Ich warte einfach ab, bis sie sich wieder eher normal verhalten – dann mache ich etwas.“

Kommt Ihnen das bekannt vor? Haben Sie das schon einmal gesagt oder gedacht? Oder gehört, dass es jemand gesagt hat? Eine Menge Anleger denken so – inmitten einer Baisse oder einer Korrektur und sogar wenn im Laufe einer normalen Hausse die Volatilität ein bisschen zulegt.

Aber was ist diese Normalität, auf die die Menschen warten? Ein großes Schild mit der Aufschrift „JETZT EINSTEIGEN!"? Oder warten sie darauf, dass die Aktien nicht mehr so verflixt volatil sind und anfangen, in klaren, sauberen, panikfreien, kleinen, aber stetigen Schritten zu steigen?

Wenn Sie darauf warten, können Sie ewig warten. Die Vorstellung, die Aktien würden und sollten sich „normal" verhalten und einem ein ganz klares Kaufsignal geben, ist ein purer Mythos. Normal ist, dass die Aktien volatil sind – manchmal mehr, manchmal weniger, aber jedenfalls volatil. (Lesen Sie noch einmal Kapitel 4.) Und so will man das auch haben. Klingt verdreht, stimmt aber. Die Finanztheorie sagt es deutlich: Ohne Risiko (also Volatilität) bekommt man keine große Rendite. Wenn die Aktien kurzfristig weniger volatil wären, dann wären auch die Renditen im Laufe der Zeit geringer. Wenn man bessere Renditen will, muss man eine höhere kurzfristige Volatilität in Kauf nehmen. Wenn man eine geringere kurzfristige Volatilität will, muss man mit geringeren Renditen rechnen.

Aber die Idee, dass Anleger warten sollten, bis die Dinge klarer erscheinen, taucht in der steilen, schmerzhaften Bodenbildungsphase von Baissen häufiger auf – also in den Tagen, in denen die Aktien wild ausschlagen können, vielleicht vier, fünf, sechs Prozent oder noch mehr an einem einzigen Tag! Holla!

Zu solchen Zeiten kann es einem wie ein kluger Schachzug vorkommen, noch ein bisschen abzuwarten, bis die Lage klarer wird

– bis man *sich sicher* ist, dass die Baisse vorbei und die nächste Hausse im Gange ist. Vielleicht sind Sie schon investiert und sind während des Bärenmarktes die ganze Zeit im Markt geblieben. Aber die Launen des Marktes im Endstadium der Baisse ermüden Sie – und Sie haben Angst, dass noch mehr davon kommt. Sollten Sie aussteigen, das Ende abwarten und wieder einsteigen, wenn die Zeichen deutlicher sind? (Eine andere Frage: Können Sie den Markt zeitlich so gut abpassen? Wenn ja, wieso haben Sie den Höhepunkt nicht abgepasst?)

Vielleicht sind Sie auch schon draußen und wissen, dass Sie wieder einsteigen sollten. Aber wann? Wenn Sie draußen sind, kann die Entscheidung zum Wiedereinstieg unglaublich schwer sein – vielleicht schwerer als die Entscheidung zum Ausstieg. Ist es nun besser, abzuwarten, bis sicher ist, dass die Baisse vorbei ist?

Nein – Klarheit gehört zu den teuersten Dingen, die man am Aktienmarkt kaufen kann. Das gilt unabhängig davon, ob eine Hausse, eine Baisse oder eine der unzähligen zwischenzeitlichen Gegentrend-Rallyes läuft. Und so sehr es auch der Intuition zu widersprechen scheint: In Wirklichkeit ist das Risiko dann am kleinsten, wenn die Angst am größten und die Stimmung am schwärzesten ist – genau in der Talsohle der Baisse. Klarheit ist fast immer eine Illusion – und zwar eine sehr teure.

Niemand kann den Tiefpunkt einer Baisse perfekt abpassen. Man kann natürlich Glück haben! So schmerzvoll die wilden Zuckungen einer Baisse im Endstadium kurzfristig auch sein mögen, den Anfang der neuen Hausse will man ja nicht verpassen. Die Erträge einer neuen Hausse sind superschnell und massiv – sie tilgen fast wieder die gesamte Abwärtsvolatilität der Endphase des Niedergangs. Selbst wenn man die letzten 15 bis 20 Prozent einer Baisse durchleidet, ist das fast mit Sicherheit immer noch wenig, wenn man es mit dem nachfolgenden ersten Anstieg der nächsten Hausse vergleicht.

## Der große Erniedriger

Abbildung 10.1 zeigt, wie eine typische Baisse funktioniert – wie eine Sprungfeder. Je mehr man sie zusammendrückt, umso stärker federt sie zurück. Natürlich können Baissen einen doppelten Boden ausbilden (und tun das auch oft), aber das macht die Rückfederbewegung nicht kleiner. Und wenn man ihnen genug Zeit lässt, lösen sich w-förmige Bodenbildungen eher in Richtung V auf.

**Abb. 10.1: Hypothetische v-förmige Erholung**

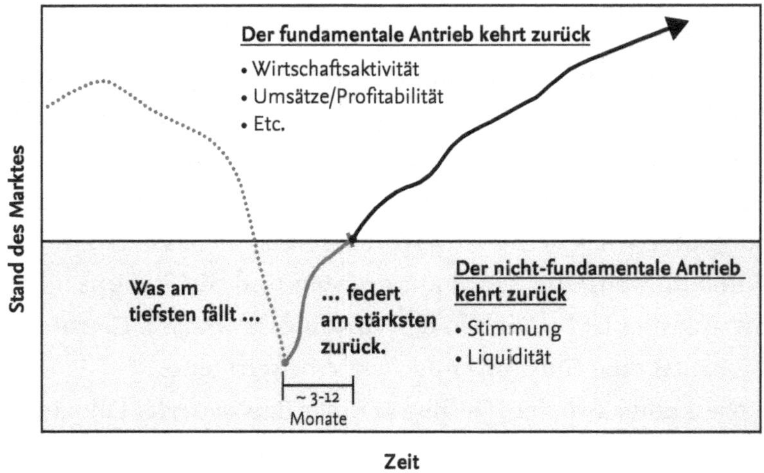


**Anmerkung:** Nur zu Illustrationszwecken. Nicht maßstabsgerecht. Nicht als Prognose zu interpretieren.

Wenn eine Baisse beginnt, lösen Fundamentaldaten den ersten Rückgang aus. Die Menschen meinen, eine Baisse würde mit einem großen Knall beginnen – das tut sie aber gewöhnlich nicht. So fangen Korrekturen an – mit einem großen, von der Stimmung ausgelösten Absacker, der den meisten eine Heidenangst macht. Wenn sich auch Baissen mit dieser Heidenangst ankündigen würden, wäre vieles leichter. „Hallo! Großer Bär im Anmarsch!" Aber viele Menschen lassen sich von der Tatsache verführen, dass sich die Höhepunkte von Haussen häufig hinziehen und sich dann die neue Baisse langsam nach unten arbeitet. Das sieht nicht nach einer Baisse aus und fühlt sich auch nicht so an – es kommt einem vor wie eine wechselhafte Seitwärtsbewegung, wie sie auch im Laufe von Haussen vorkommt!

Ich bezeichne den Aktienmarkt als den „großen Erniedriger" – sein Ziel ist es, so viele Menschen wie möglich so lange wie möglich und durch so viele Dollar wie möglich zu erniedrigen. Und ein Lieblingstrick des Erniedrigers besteht darin, die Menschen durch eine langwierige Gipfelbildung der Hausse in falscher Sicherheit zu wiegen. Ein plötzlicher Knalleffekt würde es den Menschen zu leicht machen, die Ausbildung einer Baisse zu erkennen und ihr unter minimaler Erniedrigung zu entkommen.

Der Knall erfolgt erst im späteren Teil. Ab einem gewissen Punkt nehmen abnehmende Liquidität (wie wir es im Herbst 2008 während der Finanzkrise erlebt haben) und sinkende Stimmung den Fundamentaldaten das Ruder aus der Hand. Daraus resultiert oft eine Panik.

Aber eine Panik besteht gewöhnlich nur aus Stimmung und dem vorübergehenden Liquiditätsmangel, der mit der Stimmungsänderung einhergeht, doch wird sie oft mit etwas Fundamentalem verwechselt. Oft lösen sich die Aktienbewertungen dann von der

Realität. Deshalb ist es so verteufelt schwer, die Tiefpunkte von Baissen zeitlich abzupassen. Die Stimmung kann man sowieso nur schwer mit irgendeiner Form von Genauigkeit einschätzen. Und die Stimmung ändert sich schnell – das ist auch der Grund, weshalb sich zu Beginn der neuen Hausse die rechte Seite des v-förmigen Bodens genauso schnell bilden kann.

## Die v-förmige Erholung

Oft glauben die Menschen nicht an eine neue Hausse – häufig sogar *Jahre* nach ihrem Beginn nicht. Aber vor allem in der Frühphase nicht. Sie fragen sich: „Wie kann das eine Hausse sein, wo doch alles so schlimm ist?"

Und wahrscheinlich ist alles ziemlich schlimm. Haussen fangen oft an, bevor konjunkturelle Abschwünge die Talsohle erreicht haben. Aber die Aktien boomen nicht etwa, weil sich die Lage bessert. Vielmehr boomen sie, weil alle Welt Armageddon erwartet, aber Armageddon zu einem bestimmten Zeitpunkt nicht stattfindet und den Menschen klar wird, dass die Wirklichkeit gar nicht so düster ist. Die Panik war überzogen. Nur dieses sanfte Gefühl, das mit enorm gedrückten Bewertungen verschmilzt, kann zu raketenartig durchstartenden Aktien führen. Und die Form der Anfangsphase der neuen Hausse entspricht normalerweise ungefähr der Geschwindigkeit und Form am Ende der Baisse – ich bezeichne das als Effekt der v-förmigen Erholung.

(Eine weitere übliche Eigenschaft der V-Form: Wenn im Endstadium einer Baisse die Stimmung für hohe Volatilität sorgt, federn diejenigen Kategorien, die am tiefsten gefallen sind, meist in der Anfangsphase der neuen Hausse am kräftigsten zurück. Mehr darüber können Sie in Kapitel 19 meines Buches „Debunkery" aus dem Jahr 2010 nachlesen.)

Und das ist keine reine Theorie – wir sehen die V-Form im Verlauf der gesamten Geschichte. Die Abbildungen 10.2 bis 10.5 zeigen einige vergangene v-förmige Erholungen. Manchmal enden Baissen eher in einem W mit doppeltem Boden – wobei die beiden Böden ein paar Monate auseinanderliegen. Oder es sieht kurzzeitig so aus, als wäre da ein W – aber innerhalb kürzester Zeit löst es sich in einem einfachen V-Muster auf und der Boden des W erscheint im Vergleich dazu winzig.

Wenn man diese riesigen Erträge aus dem Beginn der v-förmigen Erholung verpasst, während man auf ein eingebildetes Gefühl

**Abb. 10.2: Eine echte v-förmige Erholung – 1942**

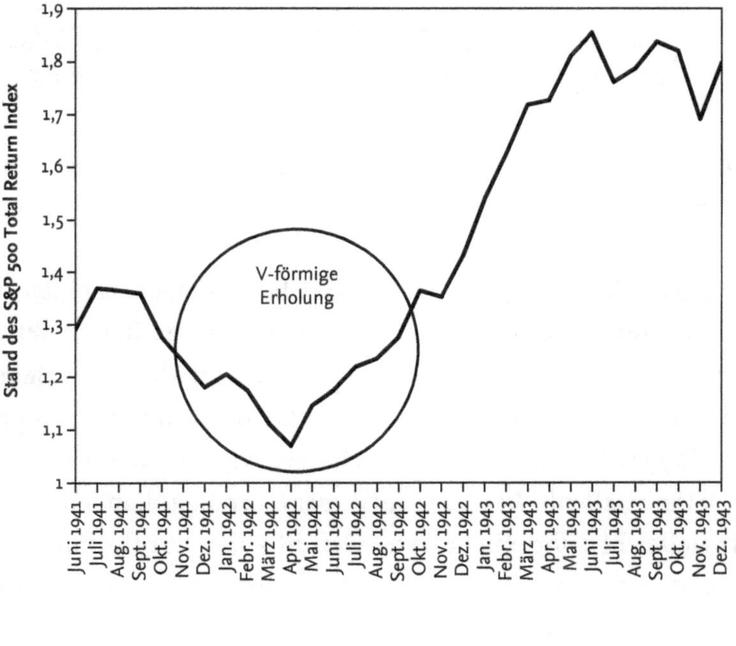


**Quelle:** Global Financial Data, Inc., Stand 25.10.2012, S&P 500 Total Return Index (monatlich) vom 30.06.1941 bis zum 31.12.1943.[1]

**Abb. 10.3: Eine echte v-förmige Erholung – 1974**

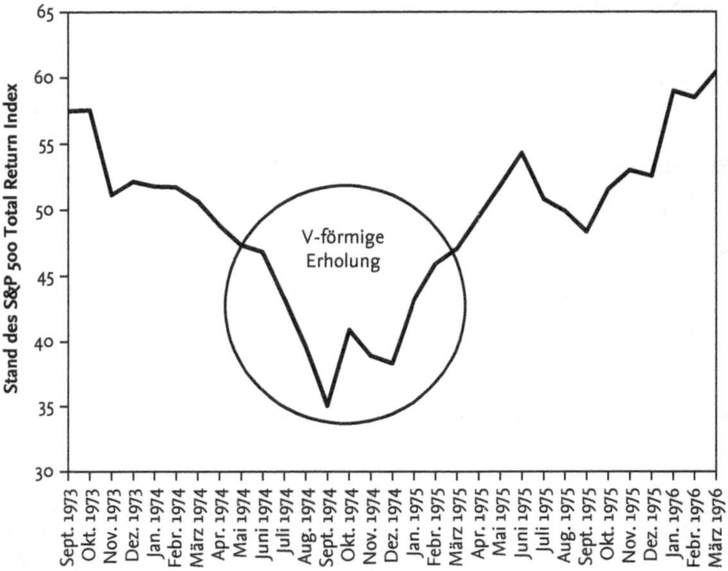


**Quelle:** Global Financial Data, Inc., Stand 25.10.2012, S&P 500 Total Return Index (monatlich) vom 30.09.1973 bis zum 31.12.1976.[2]

der „Klarheit" wartet, kann einem die Chance entgehen, einen großen Teil seiner Verluste aus der vorangegangenen Baisse wettzumachen. Und das schadet einem auch im Verhältnis zur Benchmark. Der überkommene Teil unseres Gehirns sagt uns: „Hoppla, das ging ja ganz schön abwärts. Schützen wir uns, damit wir nicht noch tiefer fallen!" Wenn wir auf dieser Grundlage handeln, haben wir vielleicht sofort ein besseres Gefühl – aber nur für kurze Zeit. Denn dieser „Schutz" kann uns der enormen Erträge berauben, die wir normalerweise durch die anfängliche v-förmige Erholung einfahren würden. Diese kompensieren vielleicht nicht die gesamte Baisse, aber auf jeden Fall bringen sie einen auf den richtigen Weg.

**Abb. 10.4: Eine echte v-förmige Erholung – 2002**

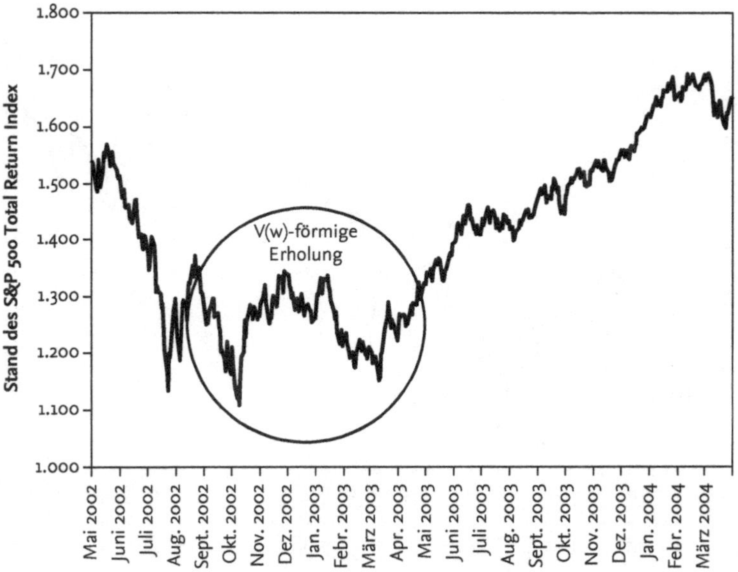


**Quelle:** Global Financial Data, Inc., Stand 25.10.2012, S&P 500 Total Return Index (täglich) vom 31.05.2002 bis zum 31.03.2004.[3]

Die Volatilität ist auf beiden Seiten des v-förmigen Bodens immens. Erst im Rückblick weiß man, welche Art von Volatilität man durchgemacht hat – das Ende einer Baisse oder den Beginn einer Hausse. Aber wenn einem diese frühen Erträge entgehen, wird man es bereuen. Abbildung 10.6 zeigt, wie massiv diese frühen Erträge sein können – in den ersten drei Monaten im Schnitt 21,8 Prozent und in den ersten zwölf Monaten im Schnitt 44,8 Prozent! Und was noch wichtiger ist, die ersten zwölf Monate bringen konsequent große, schnelle Gewinne – natürlich manchmal schneller und größer als in anderen Fällen, aber nichtsdestoweniger immer groß und schnell. Die durchschnittliche Jahresrendite einer Hausse

**Abb. 10.5: Eine echte v-förmige Erholung – 2009**

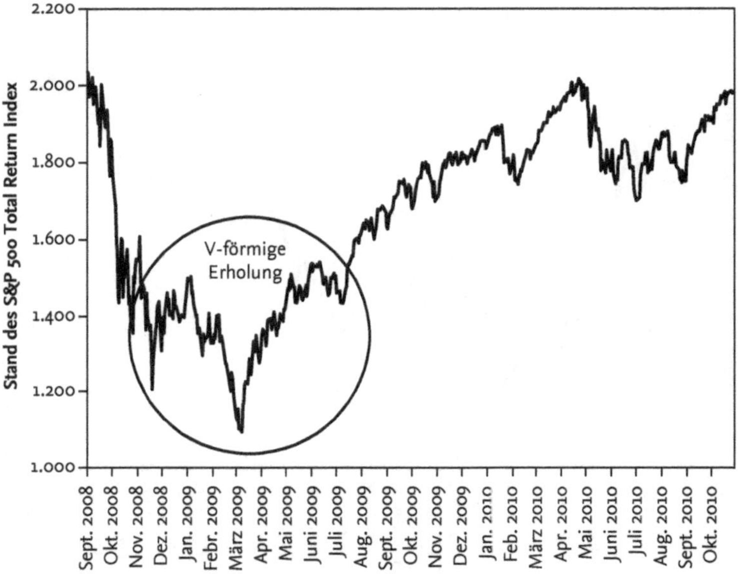


**Quelle:** Global Financial Data, Inc., Stand 25.10.2012, S&P 500 Total Return Index (monatlich) vom 30.09.2008 bis zum 31.10.2010.[4]

beträgt 21 Prozent,[5] aber das erste Jahr einer Hausse bringt im Schnitt mehr als das *Doppelte* ein!

Und fast die Hälfte der Erträge im ersten Jahr fällt gewöhnlich (aber nicht immer) in den ersten drei Monaten an! Aber auch hier ist der Markt tückisch, denn in den Fällen, in denen es in den ersten Monaten nicht so geradlinig nach oben geht, neigen die Menschen rasch zu der Annahme, dass der große Aufschwung gar nicht kommt. Das ist wieder so eine übliche Täuschungstaktik des Marktes, des großen Erniedrigers, welche zu Irritationen führen kann. Manchmal ist die Bodenbildung, wenn sie auf der linken Seite des V unruhig verläuft, auch auf der rechten Seite unruhig,

**Abb. 10.6: Die ersten drei und die ersten zwölf Monate einer neuen Hausse – S&P 500**

| Beginn der Hausse | Ende der Hausse | Rendite in den ersten 3 Monaten | Rendite in den ersten 12 Monaten |
|---|---|---|---|
| 01.06.1932 | 06.03.1937 | 92,3% | 120,9% |
| 28.04.1942 | 29.05.1946 | 15,4% | 53,7% |
| 13.06.1949 | 02.08.1956 | 16,2% | 42% |
| 22.10.1957 | 12.12.1961 | 5,7% | 31% |
| 26.06.1962 | 09.02.1966 | 7,3% | 32,7% |
| 07.10.1966 | 29.11.1968 | 12.3% | 32,9% |
| 26.05.1970 | 11.01.1973 | 17,2% | 43,7% |
| 03.10.1974 | 28.11.1980 | 13,5% | 38% |
| 12.08.1982 | 25.08.1987 | 36,2% | 58,3% |
| 04.12.1987 | 16.07.1990 | 19,4% | 21,4% |
| 11.10.1990 | 24.03.2000 | 6,7% | 29,1% |
| 09.10.2002 | 09.10.2007 | 19,4% | 33,7% |
| 09.03.2009 | ???? | 39,3% | 68,6% |
| **Durchschnitt** | | **21,8%** | **44,8%** |

**Quelle:** Global Financial Data, Inc., Stand 25.10.2012, der Durchschnitt des S&P Total Return Index wurde für alle Hausse-Perioden bis zum 09.10.2007 berechnet.

was die Anleger entmutigt. Aber fast immer bildet sich das V im Laufe eines Jahres.

So fangen die allermeisten Haussen an – das ist eine historisch belegte Tatsache. Doch anstatt nach einem V (oder W) halten die Menschen gewöhnlich nach der quälend langwierigen L-Form Ausschau. Doch ich fordere sie heraus, drei Beispiele für solch eine L-Form in der Geschichte der entwickelten Länder zu finden. Nur der Ausbruch des Zweiten Weltkriegs klopfte eine globale Hausse selbstverständlich in die Form eines langwierigen L. Im

Jahr 1938 startete eine aufkeimende Hausse, aber sie wurde schon bald abgewürgt, als die Nazis 1939 in das Sudetenland einmarschierten. Den Boden erreichten die Aktien erst 1942 – und dann stiegen sie in der Tat wieder.

Wenn man überzeugt ist, dass die Aktien nach dem Boden keinen Aufschwung erleben, sollte man lieber einen verflucht guten Grund dafür haben. Nur die Bedrohung, dass die Nazis zwischen sowjetkommunistischen Auskragungen die Weltherrschaft übernehmen würden, reichte aus, um jemals eine legitime v-förmige Erholung zu verhindern. Und auch das verzögerte den Aufschwung eigentlich nur – nach dem Boden 1942 bildeten die Aktien die rechte Seite des V aus. Das ist kein Mythos.

# Kapitel 11

## Stoppkurse stoppen Verluste

„Ein Stoppkurs kann Ihre Verluste stoppen!“

Schon der Name „Stop-Loss" klingt gut. Wer möchte nicht seine Verluste stoppen? Bloß machen Stoppkurse nicht das, was die Menschen von ihnen wollen. Vielmehr neigen sie dazu, steuerpflichtige Vorfälle und höhere Transaktionskosten auszulösen. Und sie stoppen öfter Gewinne als Verluste – im Durchschnitt verliert man durch sie langfristig Geld. Glauben Sie nicht an diesen kostspieligen Mythos.

Die Popularität von Stoppkursen steigt und fällt. In den Spätphasen von Haussen hört man meistens nicht viel davon. Von Sir John Templeton stammt der berühmte Ausspruch: „Haussen werden im Pessimismus geboren, wachsen in der Skepsis, reifen im Optimismus und sterben an Euphorie." Stop-Losses sind normalerweise ein Spiel mit Pessimismus und Skepsis, aber sie finden unabhängig vom Marktzyklus ihre Anhänger. Tendenziell kommen sie bei Menschen gut an, die meinen, Abwärtsvolatilität sei schlecht und Aufwärtsvolatilität sei überhaupt keine Volatilität. Doch wie in Kapitel 4 besprochen, bekommt man ohne Abwärtsbewegungen keine Aufwärtsbewegungen.

## Der Stop-Loss-Mechanismus

Für die Uneingeweihten: Ein Stop-Loss ist eine mechanische Methode, etwa in Form einer bei einem Broker aufgegebenen Order, eine Aktie (oder eine Anleihe, einen börsennotierten Fonds [ETF], einen Investmentfonds, den Gesamtmarkt oder was auch immer) automatisch zu verkaufen, wenn sie um einen bestimmten Betrag fällt.

Dieser Betrag bleibt Ihnen überlassen! Es gibt für einen Stop-Loss keinen „richtigen" Betrag (vor allem weil es kein Niveau gibt, das erwiesenermaßen die langfristige Performance verbessert). Normalerweise suchen sich die Menschen dafür runde Zahlen aus, zum Beispiel zehn Prozent, 15 Prozent oder 20 Prozent unter ihrem Kaufpreis. Dafür gibt es keinen bestimmten Grund – der Mensch mag einfach runde Zahlen. Hübsch und sauber. Sie könnten auch 11,385 Prozent oder 19,4562 Prozent nehmen, aber das tun sie nicht. Es gibt keinen statistischen Grund, aus dem 20 Prozent besser wären als 19,4562 Prozent.

Dahinter steht der Gedanke, dass der Stop-Loss die Anleger angeblich vor großen Verlusten bewahrt. Wenn eine Aktie fällt und den Stoppkurs erreicht, wird sie verkauft. Keine katastrophalen Verluste von 80 Prozent. Klingt doch verlockend! Wer will seine Verluste denn nicht stoppen?

Aber die Methode funktioniert einfach nicht – jedenfalls nicht so wie erhofft.

Wenn sie funktionieren würde, dann würden alle Profis sie verwenden. Größere Gewinne bei begrenztem Verlustrisiko – das ist der Traum jedes Vermögensverwalters. Das würde den Kunden mehr Geld einbringen. Mehr Geld für die Kunden bedeutet mehr Geld für den Manager. Win – win – win! Jedoch ist mir kein bedeutender, langfristig erfolgreicher Vermögensverwalter bekannt, der Stop-Losses einsetzt – nicht einmal gelegentlich. Ich bezweifle nicht, dass einige Verkaufsbeauftragte im Finanzbereich Werbung dafür machen. Nicht weil sie dadurch ihre Performance verbessern würden (denn das würden sie wahrscheinlich nicht), sondern weil Stop-Losses zu Verkäufen zwingen – und wenn man nach Transaktionen bezahlt wird, sind Stop-Losses eine gute Möglichkeit, die Anzahl der Transaktionen zu steigern. Gut für den Verkaufsbeauftragten, aber ein Interessenkonflikt und für den Kunden nicht optimal.

## Es besteht keine serielle Korrelation zwischen Aktienkursen

Damit man glauben kann, dass Stop-Losses funktionieren, muss man glauben, dass Aktienkurse seriell korreliert sind. Wenn etwas seriell korreliert ist, sagen frühere Preisbewegungen künftige Preisbewegungen vorher. Das heißt, eine fallende Aktie fällt weiter und eine steigende Aktie steigt weiter.

Es gibt eine Investment-Schule namens *Momentum Investing*, die auf dieser Idee aufgebaut ist. Im Gegensatz zu einem enormen Korpus an wissenschaftlicher Forschung, von den empirischen Belegen ganz zu schweigen, glauben diese Menschen, Preisbewegungen hätten Vorhersagekraft. Sie kaufen Gewinner und streichen Verlierer. Sie suchen in Charts nach Mustern. Aber Momentum-Anleger erzielen im Durchschnitt keine besseren Ergebnisse als die anderen Anlegerschulen. Tatsächlich geht es ihnen meistens schlechter. Können Sie mir fünf legendäre Momentum-Anleger nennen? Mir fällt kein Einziger ein.

Stop-Losses und Momentum Investing funktionieren deshalb nicht, weil die Aktien nicht seriell korreliert sind. Eine gestrige Preisbewegung hat für sich genommen keinerlei Einfluss auf das, was heute oder morgen geschieht.

Aktien, die um einen bestimmten Betrag fallen – seien es nun fünf Prozent, sieben Prozent, zehn Prozent, 15 Prozent oder 19,4562 Prozent –, fallen nicht mit größerer Wahrscheinlichkeit als andere. Und doch verhalten sich die Anhänger von Stoppkursen so, als wäre dem so. Denken Sie einmal gründlich darüber nach: Würden Sie nur Aktien kaufen, die ein großes Stück gestiegen sind? Sie wissen instinktiv, dass das nicht funktionieren würde. Manchmal steigt eine Aktie, die schon weit gestiegen ist, noch weiter, manchmal fällt sie dann und manchmal bewegt sie sich seitwärts durch die Gegend. Ich nehme an, dass die meisten Menschen Folgendes begreifen: Was steigt, muss nicht unbedingt noch weiter steigen. Aber warum verstehen die Menschen das nicht, wenn es nach unten geht?

Sicherlich sprechen Stop-Losses den Höhlenmenschen-Teil unserer Gehirne an, der Verluste intensiver hasst, als er Gewinne liebt (man bezeichnet das auch als *kurzsichtige Verlustaversion*). Aber wenn man evolutionsbedingten Reaktionen zum Opfer fällt, schadet das bei der Geldanlage öfter, als es hilft. Wer will schon investieren wie ein Höhlenmensch?

## Suchen Sie sich ein Niveau aus – irgendein Niveau

Nehmen wir an, Sie wollen trotzdem Stoppkurse einsetzen, entgegen meiner Empfehlung und entgegen dem in der Branche üblichen Haftungsausschluss, wonach „frühere Performance kein Hinweis auf künftige Ergebnisse" ist. Welches Niveau würden Sie sich aussuchen? Und warum? Nehmen wir an, Sie würden 20 Prozent wählen, ganz einfach weil ihnen die Zahl 20 gefällt. (Dieser Grund ist genauso gut wie jeder andere, um ein Stoppkurs-Niveau auszusuchen.) Wenn eine Aktie um mehr als diesen Betrag fällt, wird der Stop-Loss ausgelöst und Sie verkaufen automatisch.

Allerdings besteht prinzipiell eine Fifty-fifty-Chance, dass die Aktie entweder noch weiter fällt oder die Richtung wechselt. Sie handeln also aufgrund eines Münzwurfs. Und Münzwürfe sind schlechte Anlageberater.

Beispielsweise unterbricht Sie der Stop-Loss nicht und sagt Ihnen: „Was glaubst du eigentlich, warum die Aktie um 20 Prozent gefallen ist? War das, weil der Gesamtmarkt so weit korrigiert hat und deine Aktie einfach mitgelaufen ist?" Marktkorrekturen sind häufig – Sie passieren ungefähr einmal im Jahr. Wenn eine Aktie zusammen mit dem Gesamtmarkt fällt, ist nicht unbedingt die Aktie daran schuld. Und dann schützt einen der Stoppkurs nicht vor einem Verlust. Er garantiert lediglich, dass man in einem relativen Tief verkauft und zusätzliche Transaktionsgebühren bezahlt hat. Dann kann es passieren, dass man auf Bargeld sitzt, wenn der Markt – und damit die soeben verkaufte Aktie – schnell die Richtung ändert und in neue Höhen rauscht. Das heißt, man kauft teuer und verkauft billig.

Und was kauft man dann als Nächstes? Vielleicht fällt die nächste Aktie, die man kauft, am Ende auch um 20 Prozent und löst wieder den Stoppkurs aus. Und wieder und wieder und wieder. Man kann so lange Aktien kaufen, die 20 Prozent (oder zehn Prozent oder 19,4562 Prozent) verlieren, bis man auf null steht. Nur weil man einen Stoppkurs verwendet, ist noch nicht garantiert, dass die als Nächstes gekaufte Aktie steigen wird. Und vielleicht hat die erste Aktie, die man automatisch verkauft hat, die Richtung gewechselt und ist im Laufe des nächsten Jahres um 80 Prozent gestiegen. Und Sie haben das verpasst! Sie haben zu einem relativen Tief verkauft, zweimal Transaktionsgebühren bezahlt und den besten Teil verpasst. Vielleicht sagen Sie sich selbst, dass Sie die Aktie zurückkaufen, sobald Sie der Meinung sind, dass der Ärger vorbei ist, aber ich sage dazu: „Quatsch." Wenn Sie automatisch verkauft haben, auf welche Fundamentaldaten achten Sie dann, die Ihnen sagen sollen, dass Sie die Aktie zurückkaufen sollten? Und wenn Sie irgendwie mit Gewissheit wissen könnten, wann der Ärger vorüber ist, bräuchten sie ja gar keinen Stoppkurs. Tatsächlich wären Sie dann wahrscheinlich schon unvorstellbar reich und würden nicht dieses Buch lesen.

Hier noch eine etwas andere Betrachtungsweise: Nehmen wir an, Sie kaufen die Aktie XYZ für 50 Dollar und sie steigt auf 100 Dollar. Dann kauft Ihr Freund Bob die Aktie und sie fällt auf 80 Dollar – das sind minus 20 Prozent. Sollten Sie nun beide verkaufen? Oder nur Bob mit seinem höheren Einstandskurs? Für ihn ist die Aktie um 20 Prozent gefallen, aber für Sie steht sie 60 Prozent im Plus. Bedeutet das nun, die Aktie ist für Sie in Ordnung, aber für ihn nicht? Und warum?

Das ist das Problem an Stop-Losses. Auf die Frage „Warum?" gibt es keine andere Antwort als „Darum". Und *darum* ist das keine Strategie.

Stop-Losses garantieren keinen Schutz gegen Verluste. Sie erhöhen sogar die Chancen, Kursgewinne zu verpassen, und sie steigern definitiv die Transaktionskosten – was vielleicht der Grund ist, weshalb manche Broker nie aufgehört haben, dafür Werbung zu machen. Es gibt keinen Beleg dafür, dass sie bessere Ergebnisse produzieren, aber es gibt bergeweise Belege für das Gegenteil. Vielleicht stellt man sie sich lieber unter dem Namen vor, der besser zu ihnen passt: Stop-Gains. Stoppen Sie sich selbst, bevor sie Stoppkurse benutzen.

# Kapitel 12

## Hohe Arbeitslosigkeit ist für Aktien tödlich

„Hohe Arbeitslosigkeit zieht die Konjunktur und die Börse nach unten.“

Dieser Mythos – und hier handelt es sich definitiv und eklatant beweisbar um einen Mythos – ist ein derart fest in der Wirtschaft und im Investing verwurzelter Mythos, wie es je einen gab. Er steht auf derselben Stufe wie die Überzeugung, dass die Schulden des Bundes grundsätzlich schlecht seien (mehr dazu in Kapitel 13). Das sind Mythen, die jedermann unabhängig von seiner Ideologie oder Glaubensrichtung in der Tiefe seiner Seele glaubt.

Alle Politiker verkünden, hohe Arbeitslosigkeit sei schlecht für die Wirtschaft und somit auch für den Aktienmarkt. (Aber diese Verkünder sind niemals daran schuld! Schuld ist immer die Opposition.) Und die Politiker sind in ihrer unversöhnlichen Ansicht vereint, hohe Arbeitslosigkeit *verursache* Konjunkturschwäche.

Doch eigentlich ist es genau andersherum. Für die Arbeitslosen und ihre Familien kann Arbeitslosigkeit entsetzlich sein und uns allen wäre es lieber, wenn jeder, der eine Stelle will, leichter eine bekommen würde. Aber das ändert nichts an der Tatsache, dass die Arbeitslosigkeit jetzt ein nachlaufender Indikator ist, dass sie schon immer einer war und auch immer einer sein wird. Anders ausgedrückt: Die Arbeitslosigkeit, ob hoch oder tief, ist das Ergebnis der früheren konjunkturellen Bedingungen, keine Ursache der künftigen konjunkturellen Richtung. Wir brauchen keine niedrige Arbeitslosigkeit, damit die Wirtschaft wächst, und hohe Arbeitslosigkeit verhindert nicht, dass die Wirtschaft weiter wächst. Wirtschaftswachstum führt zu Einstellungsbedarf und eine schrumpfende Wirtschaft führt dazu, dass die Zahl der Beschäftigten reduziert werden muss.

Man sieht das alles ganz leicht, wenn man wie ein Firmenchef denkt, und nicht so, wie es sich die Politiker von einem wünschen.

## Sehen Sie es wie ein Firmenchef

Stellen Sie sich vor, Sie wären der Chef der ABC Dingsbums AG. Nach vier oder fünf Jahren stetigen Gewinnwachstums beginnen Ihre Einnahmen zu fallen. Am Anfang gehen sie nur langsam zurück, sodass Sie meinen, Sie könnten sich durchschleppen. Sie fangen an, Kosten zu senken – Sie sagen Ihren Angestellten, sie sollen Telearbeit machen, anstatt zu Terminen mit neuen Kunden zu fliegen. Sie verschieben Expansionspläne. Dann sinkt der Umsatz noch schneller und Sie senken die Kosten noch weiter. Irgendwann wird Ihnen klar, dass der Umsatz wahrscheinlich nicht so bald wieder anzieht. Sie sind nicht sicher, ob eine offizielle Rezession im Anmarsch ist – in den Vereinigten Staaten werden Rezessionen immer nachträglich offiziell datiert (vom National Bureau of Economic Research – NBER). Sie wissen aber, wie Ihr Unternehmen läuft, und laut dem, was Sie von den Zulieferern, Lieferanten et cetera hören, haben Sie die Befürchtung, dass ein längerer Abschwung im Gang sein könnte.

Auch ist Ihnen klar, dass Sie die Kosten schon so weit gesenkt haben, wie Sie können, und dass sie jetzt den letzten Punkt angehen müssen, an dem Arbeitgeber die Kosten senken wollen: die Angestellten. Es gefällt Ihnen zwar ganz und gar nicht, doch um die Firma über Wasser zu halten, müssen Sie die Anzahl der Beschäftigten senken.

Auch das begreifen die Politiker nicht. Arbeitgeber hassen es, Mitarbeiter zu entlassen. Sie tun das nicht leichtfertig. Aber wenn Sie die Beschäftigtenzahl nicht senken, könnten Sie die gesamte Firma gefährden – und eine bankrotte Firma führt zu viel mehr Arbeitslosen. Und wenn eine Firma einen Abschwung überlebt, kann sie normalerweise irgendwann wieder Beschäftigte einstellen.

Also senken Sie die Zahl der Beschäftigten. Und vielleicht zieht nach drei, vier oder fünf harten Quartalen der Umsatz wieder ein kleines bisschen an. Von Ihren Spitzenumsätzen sind Sie zwar noch weit entfernt, aber der Gewinn entwickelt sich in die richtige Richtung, und zwar zum großen Teil dank Ihrer kostensenkenden Maßnahmen.

Fangen Sie dann an, wieder Arbeitskräfte einzustellen? Nein! Es sei denn, Sie wollen von Ihrem Aufsichtsrat entlassen werden! Zunächst einmal wissen Sie nicht, ob der Umsatzzuwachs ein einmaliger Ausschlag war. Außerdem kommen Ihre Beschäftigten mit dem jetzigen Umsatzvolumen ganz gut zurecht. Vielleicht nicht nur ganz gut, sondern sogar sehr gut – sie haben neue Prozesse erfunden, die ihnen bei der geringeren Mitarbeiterzahl das Leben erleichtern. Und das ist der Hoffnungsstrahl, den eine Rezession mit sich bringt – bei vielen Firmen steigt die Produktivität dann enorm, weil die verbliebenen Mitarbeiter lernen, mit weniger zurechtzukommen. Und dank dieser Produktivitätszuwächse schaffen die Firmen sogar bei kleinen Umsatzzuwächsen ein enormes Gewinnwachstum.

Ein paar Quartale vergehen, aber Sie stellen immer noch nicht ein. Der Umsatz bessert sich zwar, aber ganz erholt hat er sich noch nicht. Immerhin fahren Sie einen netten Profit ein und Sie haben es nicht eilig, ihn auszugeben, denn es könnte zu einem stets befürchteten, aber seltenen Phänomen kommen, zu einer Double-Dip-Rezession. Ein Geldpolster kann dazu beitragen, künftige Schlaglöcher aufzufüllen.

Irgendwann werden Sie zuversichtlicher, dass sich der Umsatz nachhaltig auf dem Weg nach oben befindet. Vielleicht datiert das NBER das offizielle Ende der Rezession ein paar Quartale zurück.

Trotzdem haben Sie es immer noch nicht eilig, Vollzeitarbeitskräfte einzustellen. Vielleicht fangen Sie mit Teilzeitkräften oder Zeitarbeitern an – diese sind billiger einzustellen und leichter zu entlassen, wenn sich das Blatt schnell wendet.

Aber irgendwann, wenn Sie überzeugt sind, Sie könnten ihren künftigen Umsatz gefährden, wenn sie nicht die Beschäftigtenzahl deutlich erhöhen, fangen Sie an, wieder Vollzeitarbeitskräfte in nennenswerter Anzahl einzustellen.

Aus dieser Sicht leuchtet es ein, dass die Arbeitslosigkeit nicht schon *vor* dem Ende einer Rezession zurückgeht. Dann leuchtet es auch ein, dass die Arbeitslosigkeit sogar noch eine Zeit lang steigen oder hoch bleiben kann, wenn die Konjunktur die Talsohle bereits durchschritten hat und sich wieder erholt.

## Die Konjunktur führt, die Arbeitslosenquote hinkt hinterher

Das ist keine reine Theorie. Die Abbildungen 12.1 und 12.2 zeigen historische Arbeitslosenquoten und Rezessionen. (Ich habe die historischen Zahlen in zwei Teile geteilt, damit Sie wirklich sehen können, wie sich die Arbeitslosigkeit am Beginn und am Ende von Rezessionen entwickelt.) Sie sehen, dass die Arbeitslosigkeit bisher nie vor dem Ende einer Rezession zurückgegangen ist. Das Gegenteil ist der Fall – oft steigt sie nach einer Rezession und bleibt dann noch viele Monate oder gar Jahre hoch. Das ist nicht unnormal – es ist normal und man sollte damit rechnen. Wenn die Arbeitslosigkeit vor dem Ende einer Rezession fiele, wäre das seltsam und würde den wirtschaftlichen Fundamentaldaten und dem tatsächlichen geschichtlichen Verlauf widersprechen. Und doch reden die Politiker und Experten so, als müsste es so sein!

**Abb. 12.1: Arbeitslosigkeit und Rezessionen 1929 bis 1970**

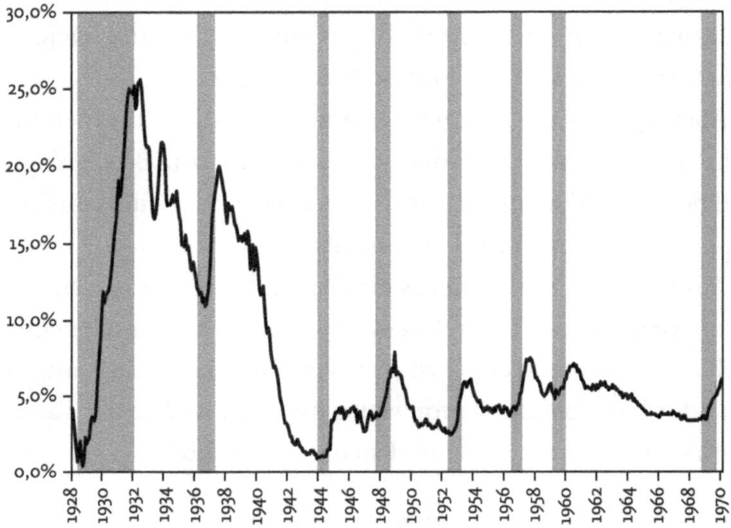


**Quellen:** Global Financial Data, Inc., Stand 26.09.2012, Thomson Reuters, US Bureau of Labor Statistics, National Bureau of Economic Research, vom 31.12.1928 bis zum 31.12.1970.

Wenn Sie irgendeine Zeitung aufschlagen, würde man Ihnen verzeihen, wenn Sie meinen würden, niedrige Arbeitslosigkeit würde Wirtschaftswachstum *verursachen*. Doch wenn dem so wäre, dann wäre niedrige Arbeitslosigkeit ein Perpetuum Mobile des Wachstums. Aber so ist es nicht. Rezessionen beginnen immer in der Nähe von zyklischen Tiefpunkten der Arbeitslosigkeit. Das würde nicht passieren, wenn niedrige Arbeitslosigkeit ein wirtschaftliches Allheilmittel wäre. Die Zahlen beweisen vielmehr, dass eine niedrige Arbeitslosigkeit Rezessionen nicht verhindert und dass hohe Arbeitslosigkeit kein Wirtschaftswachstum verhindert. Es kann zwar schmerzlich sein, wenn man

**Abb. 12.2: Arbeitslosigkeit und Rezessionen 1971 bis 2012**

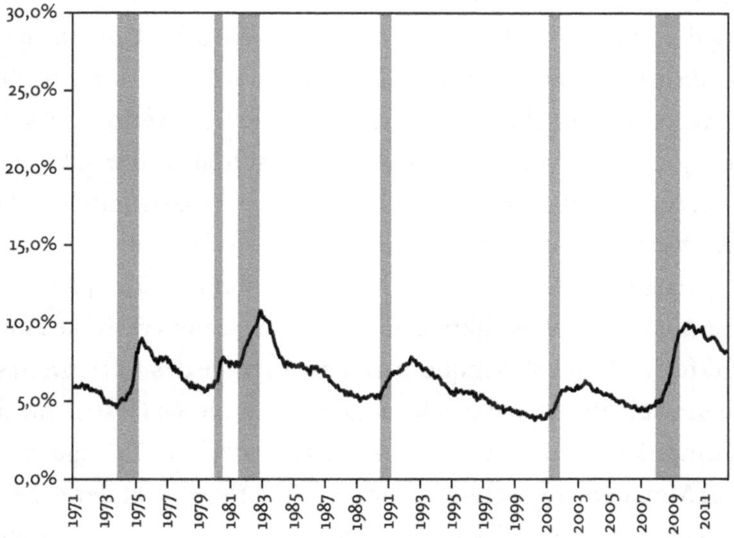


**Quellen:** Thomson Reuters, National Bureau of Economic Research, vom 31.12.1970 bis zum 30.06.2012.

arbeitslos ist, doch unabhängig von den gesellschaftlichen Auswirkungen ändert das nichts an der Tatsache, dass Wirtschaftswachstum geringere Arbeitslosigkeit bewirkt – und nicht umgekehrt.

Als Anleger sollte man darauf achten, wie sich die Arbeitslosigkeit auf den Aktienmarkt auswirkt (oder nicht auswirkt). Viele befürchten nämlich, hohe Arbeitslosigkeit sei schlecht für die Aktien. Doch wenn man das glaubt, versteht man nicht, was Aktien sind und wie sie sich verhalten.

## Der Aktienmarkt geht *wirklich* voran

Der Aktienmarkt ist der ultimative führende Wirtschaftsindikator – die Anleger warten nicht ab, bis die Wirtschaftsdaten anzeigen, dass eine konjunkturelle Erholung im Gange ist. Sie treiben die Aktienkurse schon vorher in die Höhe. Und wenn die Aktien vorangehen und die Arbeitslosigkeit nachläuft, dann kann es überhaupt nicht sein, dass hohe oder niedrige Arbeitslosigkeit einen wesentlichen Einfluss auf die Aktienkurse hat.

Verlassen Sie sich nicht auf mein Wort, sondern überprüfen Sie diese Aussage mittels Fakten. Abbildung 12.3 zeigt zyklische Höhepunkte der Arbeitslosenquote und die Erträge des Aktienmarkts in den zwölf Monaten danach (anhand der längeren Geschichte der US-amerikanischen Aktien). Dazu zeigt sie noch die Erträge in den zwölf Monaten, die sechs Monate *vor* dem Höhepunkt der Arbeitslosigkeit beginnen – das heißt, während die Arbeitslosigkeit noch steigt. Im Durchschnitt bringen die Aktien in den zwölf Monaten nach einem Höhepunkt der Arbeitslosigkeit 14,8 Prozent ein. Ganz schön gut! Doch wenn man sechs Monate vor dem Höhepunkt gekauft hätte, würde man in den zwölf Monaten danach eine satte Rendite von 31,2 Prozent erzielen. Mehr als das Doppelte!

Doch benutzen Sie das nicht als Prognosewerkzeug. Selbst wenn Sie wollten, könnten Sie weder den Zeitpunkt vorhersagen, wann die Arbeitslosigkeit auf ihrem Höhepunkt ist, noch den Punkt sechs Monate davor. Ich kenne niemanden, der das geschafft oder überhaupt versucht hätte. Das zeigt aber, dass Aktien steigen können, wenn die Arbeitslosigkeit hoch ist und steigt, und dass sie das auch wirklich tun. Es gibt keine Belege dafür, dass sich eine hohe Arbeitslosenzahl nachteilig auf den Markt auswirken würde. Ganz im Gegenteil! Denn typischerweise ist die Arbeitslosigkeit gerade zum Ende einer Rezession und kurz

**Abb. 12.3: Arbeitslosigkeit und Renditen des S&P 500 – die Aktien führen und die Arbeitsstellen folgen nach**

| Höhepunkt der Arbeitslosigkeit | Rendite des S&P 500 in den 12 Monaten danach | 6 Monate vor dem Höhepunkt der Arbeitslosigkeit | Rendite des S&P 500 in den 12 Monaten danach |
|---|---|---|---|
| 31.05.1933 | 3,0% | 30.11.1932 | 57,7% |
| 30.06.1938 | -1,7% | 31.12.1937 | 33,2% |
| 28.02.1947 | -4,3% | 30.08.1946 | -3,4% |
| 31.10.1949 | 30,5% | 30.04.1949 | 31,3% |
| 30.09.1954 | 40,9% | 31.03.1954 | 42,3% |
| 31.07.1958 | 32,4% | 31.01.1958 | 37,9% |
| 31.05.1961 | -7,7% | 30.11.1960 | 32,3% |
| 31.08.1971 | 15,5% | 26.02.1971 | 13,2% |
| 30.05.1975 | 14,3% | 29.11.1974 | 36,2% |
| 31.07.1980 | 12,9% | 31.01.1980 | 19,3% |
| 31.12.1982 | 22,5% | 30.06.1982 | 61,1% |
| 30.06.1992 | 13,6% | 31.12.1991 | 7,6% |
| 30.06.2003 | 19,1% | 31.12.2002 | 28,7% |
| 31.10.2009 | 16,5% | 30.04.2009 | 38,8% |
| **Durchschnitt** | **14,8%** | | **31,2%** |

**Quellen:** Bureau of Labor Statistics, Global Financial Data, Inc., Stand 26.09.2012, S&P Total Return Index.[1]

danach sehr hoch. Die Aktien bewegen sich als Erstes – und zwar schnell (siehe Kapitel 10).

Es ist schon verblüffend, wie sich dieser Mythos hält, vor allem da reichlich Daten vorliegen, um ihn zu überprüfen. Also wie kommt das?

Erstens prüfen die Menschen normalerweise nicht nach, ob etwas, das „jeder weiß“, wirklich stimmt. Das wäre ja, als würde man an sich selbst zweifeln, und das machen wir nicht gern. Und es würde bedeuten, sich möglicherweise dumm vorzukommen, weil man so lange an einen Mythos geglaubt hat – und dumm kommen wir uns nun wirklich nicht gern vor.

Zweitens erscheint es in gewisser Hinsicht einleuchtend, dass sich hohe Arbeitslosigkeit nachteilig auf die Wirtschaft auswirkt. Das liegt an der Vorstellung, die Verbrauchernachfrage sei eine wichtige treibende Kraft unserer Wirtschaft.

Und in gewissem Sinne ist sie das auch. Derzeit stellen die Verbraucherausgaben 71 Prozent des BIPs.[2] Aber die Menschen verstehen nicht, wo der Löwenanteil des Wachstums herkommt.

Wenn viele Menschen arbeitslos sind, heißt das, ihnen allen steht weniger Geld zum Ausgeben zur Verfügung, was laut der hier angewendeten Logik eigentlich die Wirtschaft und die Aktien behindern müsste. Klar? Und doch sind die Verbraucherausgaben in den Vereinigten Staaten nach der konjunkturellen Talsohle 2009 stetig gestiegen und liegen seit Dezember 2010 über dem Spitzenniveau der Zeit vor der Rezession.[3] Trotzdem befindet sich die Arbeitslosigkeit auf historisch hohem Niveau! Wie kann das sein?

## Die Verbraucherausgaben sind unglaublich stabil

Die Wahrheit ist, dass die US-Verbraucherausgaben unglaublich stabil sind – in Rezessionen gehen sie nicht besonders stark zurück, sodass sie in konjunkturellen Erholungen auch nicht sehr zurückfedern. Die Verbraucher kaufen nämlich zum großen Teil Artikel des Grundbedarfs und notwendige Dienstleistungen. Wenn harte Zeiten kommen, kaufen wir normalerweise trotzdem noch Zahnpasta und verordnete Medikamente. Und wir geben Geld für Dienstleistungen wie Versicherungen, Wohnen, Versorgung und so weiter aus. Vielleicht stellen wir von der schönen Markenzahnpasta auf ein No-Name-Produkt um und achten darauf, dass wir nicht zu viel heizen, wir machen die Lichter aus et cetera, aber im Großen und Ganzen sind unsere durchschnittlichen Ausgaben für den Grundbedarf ganz schön stabil.

Abbildung 12.4 zeigt die Zusammensetzung des privaten Konsums und wie sehr er von dem Höhepunkt des realen BIP-Wachstums im ersten Quartal 2008 bis zum Tiefpunkt im zweiten Quartal 2009 zurückgegangen ist. Und sie zeigt, welchen Anteil an den Gesamtausgaben jede Komponente am Ende der Rezession stellte.

Die mit Abstand größte Komponente der Verbraucherausgaben (67,2 Prozent) sind Dienstleistungen. Während der Rezession der Jahre 2007 bis 2009 – die nach historischen Maßstäben tief war –

**Abb. 12.4: Zusammensetzung des privaten Konsums – die Dienstleistungen sind bedeutend und stabil**

| | Prozent des Konsums (2. Quartal 2009) | Reales Wachstum vom 1. Quartal 2008 bis zum 2. Quartal 2009 |
|---|---|---|
| **Bruttoinlandsprodukt** | | **-4,7%** |
| **Private Konsumausgaben** | **100%** | **-3,4%** |
| **Langlebige Güter** | **10,6%** | **-13,1%** |
| Kraftfahrzeuge und Ersatzteile | 3,5% | -21,4% |
| Möbel und langlebige Haushaltswaren | 2,4% | -13,8% |
| Freizeitwaren und -fahrzeuge | 3,2% | -5,2% |
| Sonstige langlebige Güter | 1,6% | -9,6% |

| | Prozent des Konsums (2. Quartal 2009) | Reales Wachstum vom 1. Quartal 2008 bis zum 2. Quartal 2009 |
|---|---|---|
| **Nicht langlebige Güter** | **22,2%** | **-3,7%** |
| Lebensmittel und Getränke für den Konsum außerhalb der Verkaufsstelle | 7,5% | -3,7% |
| Bekleidung und Schuhe | 3,2% | -7,3% |
| Benzin und sonstige Energiegüter | 3,3% | -2,9% |
| Sonstige nicht langlebige Güter | 8,2% | -2,4% |
| **Dienstleistungen** | **67,2%** | **-1,5%** |
| **Konsumausgaben der Haushalte für Dienstleistungen** | **64,4%** | **-1,8%** |
| Wohnung und Versorgung | 18,9% | 1,7% |
| Gesundheit | 16,3% | 3,4% |
| Transportdienstleistungen | 2,9% | -13,5% |
| Freizeitdienstleistungen | 3,7% | -5,8% |
| Nahrungsmitteldienstleistungen und Übernachtungen | 6,1% | -5,7% |
| Finanzdienstleistungen und Versicherungen | 7,4% | -8,5% |
| Sonstige Dienstleistungen | 9,0% | -3,2% |
| **Endverbraucherausgaben von Non-Profit-Institutionen im Dienste von Haushalten** | **2,8%** | **6,5%** |

**Quellen:** Bureau of Economic Analysis, prozentualer Konsum laut „Third Estimate“ des BIPs im 2. Quartal 2009, nominale Angaben, letzte Revision am 26. Oktober 2012.

sanken die Ausgaben für Dienstleistungen nur um 1,5 Prozent. Die Ausgaben für die beiden größten Dienstleistungskomponenten sind sogar gestiegen: Wohnen und Versorger sowie die Gesundheitsausgaben.

Der nach Größe nächste Brocken der Verbraucherausgaben (22,2 Prozent) entfällt auf nicht langlebige Güter. Nicht langlebige Güter sind Dinge, die weniger als drei Jahre lang halten sollen, zum Beispiel Schuhe, Bekleidung und Lebensmittel. Diese Dinge benötigt man meist dringender, als einem lieb ist, und diese Kategorie fiel vom Hoch zum Tief um 3,7 Prozent.

**Abb. 12.5: In einer Rezession steigen die Verbraucherausgaben in Prozent des BIP**

**Quelle:** Thomson Reuters, Personal Consumption Expenditures, Stand 15.05.2012.

Nur 10,6 Prozent der Ausgaben entfallen auf langlebige Güter. Das sind größtenteils (aber nicht ausschließlich) größere Anschaffungen. Obwohl sie den kleinsten Anteil stellen, machen sie die größten Schlagzeilen, zum Beispiel: „Automobilabsatz um 25 Prozent gefallen!" Aber ist es denn wirklich so schockierend, dass die Menschen während eines Abschwungs den Kauf eines Autos, einer Waschmaschine oder eines Flachbildfernsehers verschieben? Für die betroffenen Branchen ist es zwar nicht besonders toll, aber wirtschaftlich betrachtet ist es auch keine Katastrophe. Zwischenzeitlich geben die Menschen weiterhin Geld für ihre Grundbedürfnisse aus. Und das ist der Grund, weshalb die Verbraucherausgaben während der letzten Rezessionen prozentual auf das BIP gerechnet sogar gestiegen sind (siehe Abbildung 12.5).

Es stimmt zwar, dass die Verbraucherausgaben im Laufe von Rezessionen insgesamt ein bisschen sinken, aber nicht so stark wie das gesamte BIP. Die Ausgaben der Unternehmen sind eine kleinere, aber volatilere Komponente und diese ist normalerweise für einen größeren Teil der Veränderung des BIP-Wachstums verantwortlich. Abbildung 12.6 zeigt, wie sehr die Hauptbestandteile des BIP im Laufe der Rezession der Jahre 2007 bis 2009 zum Rückgang beigetragen haben. (Das NBER datierte den Beginn der Rezession zwar auf den Dezember 2007, aber der Ausstoß erreichte seinen Höhepunkt erst im ersten Quartal 2008.) Die Importe und die Staatsausgaben steigerten das BIP ein bisschen.

Die Investitionen in Wohnraum beschnitten zwar den Ausstoß ein bisschen, aber wohl nicht annähernd so sehr, wie es die meisten Menschen erwarten würden. Sie gehen fälschlicherweise davon aus, der schwache Häusermarkt sei die Hauptursache der Rezession sowie der Kreditkrise 2008 und der Baisse gewesen – aber in Wirklichkeit ist der Anteil am BIP, den der Häusermarkt

**Abb. 12.6: Beiträge zum Rückgang des US-BIPs vom ersten Quartal 2008 bis zum zweiten Quartal 2009**

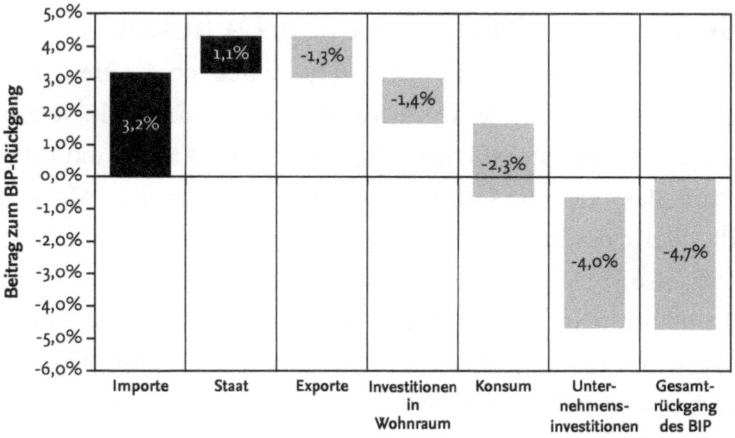


**Quelle:** Bureau of Economic Analysis, prozentuale Beiträge zum Rückgang des US-BIPs (Q1 2008 bis Q2 2009).

stellt, zu klein, als dass er große Auswirkungen haben könnte. Die Verbraucherausgaben trugen -2,3 Prozent bei – das ist zwar nicht zu vernachlässigen, aber weniger als der Beitrag der Unternehmensinvestitionen von -4 Prozent. Hätten die Unternehmensausgaben bloß stagniert, wäre die Rezession sogar milde ausgefallen.

Aber wie bereits erwähnt, stagnieren die Unternehmensausgaben in Rezessionen nur selten. Rezessionen sind vor allem deshalb Rezessionen, weil die Unternehmensausgaben schwanken. Zudem sind die Unternehmen – also die Produzenten – die eigentlichen treibenden Kräfte konjunktureller Auf- und Abschwünge. Die Menschen sehen es verkehrt herum, sie meinen, die Verbrauchernachfrage sei König. Aber wenn die Produzenten nichts produzieren, können die Konsumenten auch nichts konsumieren.

## Die Produzenten sind am Drücker

Das ist nicht mit der Frage zu vergleichen, ob die Henne oder das Ei zuerst da war. So funktioniert einfach die Welt. Wenn es keine Unternehmer gibt, die ihr persönliches Kapital darauf verwetten, dass sie etwas produzieren können, was dem Markt gefällt, dürfte die Konjunktur wohl kaum in Bewegung geraten.

Sehen Sie das einmal so: Ich schreibe dies im Jahr 2012. Vor 15 Jahren hatten Sie vielleicht ein Handy, vielleicht aber auch nicht. Vermutlich handelte es sich um ein klobiges Gerät, dessen sie sich heutzutage schämen würden. Wussten Sie damals, dass 15 Jahre später große Teile der Menschheit unzertrennlich mit ihren Smartphones verbunden sein würden? Dass diese winzigen Verknüpfungen von Technologie und Verbraucherelektronik Ihnen das Leben erleichtern würden? Dass Sie kribbelig werden würden, wenn Sie länger als ein paar Stunden von Ihrem Smartphone getrennt wären? Nein! Irgendjemand hat die Smartphones der ersten Generation erfunden – damals erschienen sie als coole Spielzeuge für Superreiche und/oder Freaks. Dann kam die zweite Generation. Da gab es bereits unzählige Nachahmer, denn der technische Fortschritt fiel mit gestiegener Nachfrage und Produktion zusammen, sodass die Kosten sanken und die Geräte für die meisten Menschen erschwinglich wurden. Inzwischen sind sie allgegenwärtig und werden für Dinge verwendet, die man sich vor 15 Jahren noch überhaupt nicht hätte vorstellen können. Sie werden sogar für Sachen benutzt, die sich wahrscheinlich auch die ersten Smartphone-Hersteller nicht hätten vorstellen können.

Aber eines ist definitiv nicht passiert, nämlich dass Menschenmassen an die Türen ihrer örtlichen Elektronikhändler geklopft und gesagt hätten: „Hallo! Ich brauche ein Mobiltelefon, das gleichzeitig ein Computer, ein Kalender und ein Adressbuch ist! Und es sollte einen Touchscreen haben, auch wenn noch niemand etwas davon gehört hat! Ach ja, da muss ganz unbedingt ein Spiel drauf sein, bei dem man Vögel auf Häuser aus Holz, Stein und Eis wirft, um Schweine zu töten, die Küken klauen!"

Wenn Sie so etwas gesagt hätten, hätte Sie jemand einweisen lassen.

Nein, innovative Unternehmer haben – aufbauend auf früheren Innovationen (siehe Kapitel 1) – das Smartphone erfunden und dann hat die Welt beschlossen, dass sie ohne Smartphone nicht leben kann. Und dann schossen Unternehmen aus dem Boden, die Apps designten und lieferten, die alles und jedes tun, was man sich nur vorstellen kann.

Und so funktioniert die Wirtschaft in Wirklichkeit. Wenn die Produzenten nichts produzieren – egal, ob Artikel des Grundbedarfs, diskretionäre Waren oder Dienstleistungen –, gibt es nicht wirklich eine Wirtschaft.

Deshalb sehen die Menschen das Verhältnis zwischen Arbeitslosigkeit und Konjunktur so verdreht. Die Verbrauchernachfrage ist nicht die schwankende treibende Kraft des Wirtschaftswachstums (oder des fehlenden Wirtschaftswachstums). Dafür ist sie viel zu stabil, sogar in Zeiten hoher Arbeitslosigkeit. Die wichtigsten Wirtschaftsmotoren sind die Produzenten und die wollen Risiken eingehen, um etwas zu produzieren, von dem sie meinen, es würde ihnen künftig höhere Profite einbringen.

Die Politiker können brüllen und toben und mit dem Finger zeigen, soviel sie wollen. Aber wenn sie eine niedrigere Arbeitslosenquote haben wollen, sollten sie Maßnahmen verabschieden, die darauf abzielen, Eintrittsbarrieren in die Unternehmenswelt abzubauen. Wachstum führt zu Einstellungsbedarf und nicht umgekehrt. Niemals umgekehrt!

# Kapitel 13

## Das überschuldete Amerika

„Amerika hat zu viele Schulden! Und das ist ein großes Problem!“

Sie werden niemanden finden, der nicht der Meinung ist, Amerika sei überschuldet. Die meisten Mitglieder der Gesellschaft akzeptieren einfach, dass die Bundesverschuldung schlecht ist – je größer die Schulden, umso schlechter. Doch bedenken Sie: Diejenigen Dinge, die fraglos akzeptiert werden, sind häufig diejenigen, denen man eigentlich am meisten nachgehen müsste.

Die meisten Menschen begreifen rational, dass Schulden auf privater Ebene in Ordnung sind. Manche Menschen geraten dadurch in Schwierigkeiten, und das ist nicht gut. Aber den meisten Menschen ist klar, dass Schulden bei verantwortlichem Umgang okay sind. Tatsächlich sind sie sogar notwendig! Die meisten Menschen könnten sich ohne Schulden kein Haus und kein Auto kaufen. Ja, die meisten könnten sich nicht einmal einen Anzug für ihr erstes Bewerbungsgespräch kaufen.

Die meisten Leser sind wahrscheinlich auch mit Unternehmensschulden einverstanden. Wie gesagt, uns ist klar, dass manche Firmen mit Schulden schlecht umgehen. Sie haben allerdings einen großen Anreiz, das nicht zu tun – wenn sie wirklich schlecht damit umgehen, wird vielleicht der Chef entlassen, was dieser aber nicht will. Vielleicht drehen dann auch die Aktionäre durch und stoßen die Aktie ab. Oder das Unternehmen geht bankrott! Das sind alles Situationen, die ein vernünftiger Vorstandsvorsitzender vermeiden will.

Häufig setzen Unternehmen Schulden für Dinge wie den Bau neuer Fabriken, die Finanzierung der Forschung oder den Kauf von Konkurrenten beziehungsweise ergänzenden Unternehmen ein, um so zu expandieren. Solche Dinge helfen den Firmen, Gewinne zu erzielen oder ihre Gewinne zu steigern, und profitable Unternehmen gefallen uns ja. Profitable Unternehmen liefern uns Produkte und Dienstleistungen, die wir wollen oder brauchen, zu einem vernünftigen Preis. Und sie stellen Mitarbeiter ein! Das sind alles gute Sachen.

Doch wenn es um die Staatsverschuldung geht, bricht dieses rationale Denken häufig zusammen. Wir mögen keine kommunale Verschuldung und verabscheuen bundesstaatliche Verschuldung, aber unser schlimmstes Gift ist der Verschuldung des Bundes vorbehalten.

## Der Staat gibt sein Geld ungeschickt aus

Viele Leser meinen, vielleicht zu Recht, Regierungen seien schlechte Hüter unseres Geldes – und die Bundesregierung sei schlimmer als der Bundesstaat, der wiederum schlimmer sei als die Kommunalverwaltung. Das stimmt alles! Die Regierungen geben unser Geld in der Tat sehr dumm und ineffizient aus. Trotzdem stimmt wahrscheinlich sogar der glühendste Freidenker zu, dass wir Straßen und Ähnliches brauchen. Außerdem stellt die Regierung Regeln und Vorschriften auf und setzt sie um, die sowohl die Käufer als auch die Verkäufer schützen, und das ist gut. Die meines Erachtens vielleicht wichtigste Funktion des Staates ist der nachdrückliche Schutz des privaten Eigentumsrechts.

Ich wünschte, der Staat würde weniger Geld ausgeben. Nicht von irgendeinem ideologischen Standpunkt ausgehend, sondern nur, weil ich glaube, Sie würden es auf eine viel klügere Art und Weise ausgeben, die Ihnen und Ihrer Familie zugutekäme. Und wenn Sie Ihr Geld auf eigennützige Art ausgeben, ist das letzten Endes auch für die Gesellschaft besser. Falls Sie das nicht glauben, dann glauben Sie wohl nicht an den Kapitalismus. Und wenn Sie nicht an den Kapitalismus glauben, weiß ich nicht recht, weshalb Sie ein Buch über Aktien lesen. Adam Smith hat geschrieben: „Nicht aufgrund des Wohlwollens des Metzgers, des Bierbrauers oder des Bäckers können wir mit einem Abendessen rechnen, sondern weil sie auf ihr Eigeninteresse schauen." Insgesamt sind wir demzufolge als Gesellschaft besser dran, wenn wir als Individuen das tun, was wir für uns selbst als am besten erachten. Und das kann man wiederum besser tun, wenn man von seinem Geld mehr behält, also wenn der Staat weniger davon bekommt.

Darum wünsche ich mir zwar, der Staat würde das Geld nicht so dumm ausgeben, aber ich habe auch keine Angst vor seinen Schulden – und die sollten Sie auch nicht haben. Die Gründe dafür folgen nun:

Zunächst einmal sagen die Menschen oft, die Vereinigten Staaten hätten „zu viele Schulden". Das impliziert allerdings, es gebe eine „richtige" Menge an Schulden, die Staaten haben dürften, und es gebe eine ganz klare rote Linie, deren Überschreitung in die Katastrophe führt.

Nun würden viele sagen, der richtige Schuldenbetrag für einen Staat seien gar keine Schulden. Das ist aber absolut unrealistisch. Ich weiß nicht, wie ein Land ohne Schuldenmechanismus Geld ausgeben oder Geldpolitik betreiben sollte. Und für diejenigen, die meinen, wir könnten zum Goldstandard zurückkehren: Wir hatten auch früher schon Staatsschulden, als wir noch den Goldstandard hatten. Überdies hat uns der Goldstandard gegen keine Form wirtschaftlichen Übels geschützt. Bevor die Vereinigten Staaten die Federal Reserve errichteten, waren Bankenpaniken viel häufiger und schlimmer. Im Vergleich zu den riesigen und häufigen Depressionen des 19. Jahrhunderts war die Rezession von 2007 bis 2009 ein regelrechter Spaziergang.

Zudem bringen manche das Argument, ein Goldstandard (oder Silberstandard oder Bimetallstandard) würde dazu führen, dass sich die Politiker nicht mehr in die Geldpolitik einmischen. Es würde aber das exakte Gegenteil passieren. Um einen Währungskurs an einen Steinbrocken zu binden und diese Bindung aufrechtzuerhalten, muss man ganz schön viel herumhantieren – und das müssten die Politiker machen. Und wenn die Regeln erst einmal aufgestellt sind, können und werden die Politiker sie ändern, wenn sie das für angebracht halten. Ich halte die US-Notenbank nicht für perfekt. Weit gefehlt! Aber eine metallgebundene Währung lädt zu mehr staatlichen Eingriffen ein, nicht zu weniger. (Ganz zu schweigen von der Tatsache, dass wir den Rest der Welt dazu überreden müssten, auf einen Goldstandard/Silberstandard/Bimetallstandard oder welchen Standard auch immer umzustellen, und ich vermute, dann würden viele Nationen den Vereinigten Staaten sagen, das könnten sie knicken.)

## Die richtige Einordnung der Schulden

Es gibt aber keine Indizien dafür, dass es einen angemessenen Verschuldungsgrad gäbe. Außerdem können die Menschen die Bundesverschuldung nicht richtig einordnen und geben sie immer in absoluten Beträgen an. Abbildung 13.1 zeigt die Nettostaatsverschuldung der Vereinigten Staaten als prozentualen Anteil am BIP – und genau das ist die richtige Betrachtungsweise. Die Nettoverschuldung des Staates ist die gesamte Verschuldung, die sich in den Händen der Allgemeinheit befindet – nicht darin enthalten sind Schulden des Bundes, die von staatlichen Behörden gehalten werden und die man sich als Schuldscheine des Bundes vorstellen kann. Wenn Sie Ihr Haushaltsbuch führen, betrachten Sie die 20 Dollar, die Sie sich von Ihrem Ehepartner geliehen haben, ja auch nicht als Verbindlichkeit – sie bleiben in der Familie und kürzen sich sozusagen weg.

**Abb. 13.1: Nettostaatsverschuldung der USA in Prozent des BIPs**

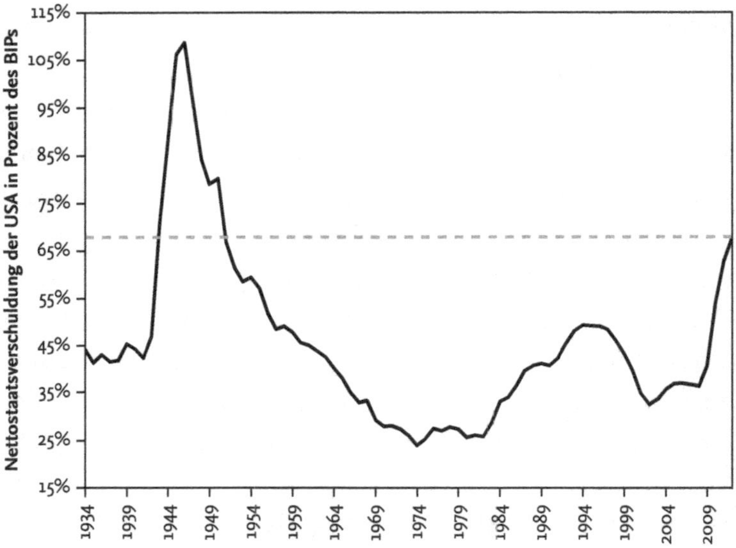


Die Zahl für das Gesamtjahr 2012 ist geschätzt.

**Quelle:** Office of Management and Budget, US Department of the Treasury, Bureau of Economic Analysis, vom 31.12.1933 bis zum 31.12.2012.

Im Moment ist die Verschuldung der Vereinigten Staaten im Verhältnis zum BIP recht hoch – was niemanden überrascht. Sie liegt aber immer noch deutlich unter ihren Höchstständen. Im Jahr 1946 betrug die Verschuldung 109 Prozent des BIPs! Aber die Zeit, die danach folgte, ist uns nicht als Periode des wirtschaftlichen Ruins im Gedächtnis. Vielmehr denkt man an diese Zeit als Periode starken Wirtschaftswachstums und technischen Fortschritts zurück.

Manche behaupten, das wäre heute anders (was immer eine gefährliche Annahme ist), weil das damals Kriegsschulden waren. Durchaus. Bloß ist es den Schulden egal, weshalb sie gemacht

**Abb. 13.2: Nettostaatsverschuldung Großbritanniens in Prozent des BIPs**

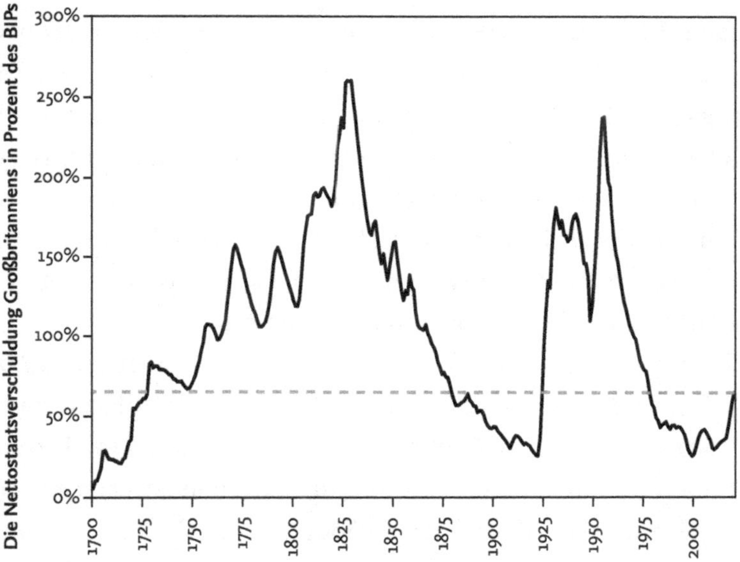


Die Haushalte von 2009 bis 2012 sind geschätzt.

**Quelle:** HM Treasury, ukpublicspending.co.uk, von 1700 bis 2012.

wurden. Es sind einfach Schulden! Ein Vertrag. Sie müssen auf jeden Fall zurückgezahlt werden, ob sie nun aus edlen Beweggründen begeben wurden (Kampf gegen die Nazis) oder aus dämlichen Gründen (um bankrotte Hersteller von Solarpaneelen zu stützen). Es gibt keinen Beleg dafür, dass die höhere Verschuldung damals eine unmittelbare Ursache des wirtschaftlichen Ruins gewesen wäre.

Allerdings haben wir in den Vereinigten Staaten nur historische Daten für eine relativ kurze Zeit. In Großbritannien ist das aber anders. Abbildung 13.2 zeigt die Schulden Großbritanniens in Prozent des BIPs seit dem Jahr 1700.

Verblüffenderweise war Großbritannien viel höher verschuldet. Etwa von 1750 bis 1850 lag die Verschuldung bei über 100 Prozent des BIPs und während etwa der Hälfte dieser Zeit sogar über 150 Prozent. Der Spitzenwert lag bei über 250 Prozent! Aber was geschah in Großbritannien während dieser Zeit und danach? Das Land war die unbestrittene wirtschaftliche und militärische Supermacht der Welt. Damals begann dort die industrielle Revolution – früher als in den Vereinigten Staaten. Großbritannien war das weltweite Zentrum revolutionärer Herstellungsmethoden. Und all das, während es hoch verschuldet war.

Und außerdem zu einer Zeit, als Nachrichten noch zu Fuß, zu Pferde, per Brieftaube und erst viel später per Eisenbahn transportiert wurden. Wenn Großbritannien mit mehr als 100 Prozent Schulden ein Jahrhundert lang als Supermacht überleben konnte, gibt es keinen Grund, weshalb die momentan hohe Verschuldung Amerikas langfristig lähmend sein müsste.

## Stellen Sie alles infrage!

Manche Leser können das wahrscheinlich nur schwer akzeptieren. Es ist vielleicht der sich am zähesten haltende Mythos in diesem Buch. Tatsächlich ist dieses Konzept von allem, worüber ich jemals geschrieben habe, für die Menschen am schwersten zu begreifen. Die Überzeugung, Schulden seien schlecht, ist dermaßen fest in uns verwurzelt, dass die meisten Leser meine Argumentation glattweg ablehnen und sich sogar weigern, sich die Zahlen oder die Fundamentaldaten zu betrachten – oder sie überblättern dieses Kapitel einfach.

Aber warum? Eine Überzeugung infrage zu stellen – selbst wenn es eine tiefe Überzeugung ist – tut nicht weh. Was ist das Schlimmste, was passieren kann? Entweder man hatte die ganze

Zeit schon recht, was schön ist. Oder man findet heraus, dass man bisher von etwas eigentlich Falschem überzeugt war und infolgedessen die ganze Welt falsch gesehen hat – was möglicherweise zu Anlagefehlern geführt hat. Und das herauszufinden ist großartig! Denn wenn man die Welt klarer sieht, macht man weniger Fehler und hat langfristig mehr Erfolg – in beiden Fällen eine Win-win-Situation.

Nun werden aber viele Leser auch sagen: „Aber was ist mit Griechenland? Beweist Griechenlands Schuldenproblem denn nicht, dass Schulden schlecht sind?" Nein. Es beweist, dass Sozialismus schlecht ist. Griechenland hat kein Schuldenproblem – es hat aufgrund von jahrzehntelangem hartnäckigen Sozialismus eine strukturell nicht wettbewerbsfähige Volkswirtschaft. Und es hat (dank Sozialismus) eine strukturell korrupte Regierung, die es schwierig macht, Reformen durchzusetzen, die seine Volkswirtschaft künftig wettbewerbsfähiger machen würden.

Griechenlands Problem waren nicht die Schulden. Sein Problem war, dass es die Bücher frisierte und dabei erwischt wurde. Dies führte, gepaart mit seiner nicht wettbewerbsfähigen Wirtschaft, dazu, dass die Käufer von Schuldpapieren höhere Zinsen verlangten. Sie fanden Griechenlands Bonität nicht mehr besonders gut. Und diese höheren Zinssätze machten Griechenlands Zinszahlungen sehr teuer.

## Das eigentliche Problem ist die Erschwinglichkeit

Und das ist der Kern des Problems. Das eigentliche Problem ist nicht die Verschuldung, sondern die Frage, ob man sie sich leisten kann. Und Amerikas Schulden sind sehr erschwinglich – historisch gesehen! Abbildung 13.3 zeigt die Zinszahlungen des Bundes

**Abb. 13.3: Die Zinszahlungen auf die Verschuldung des Bundes in Prozent des BIPs**

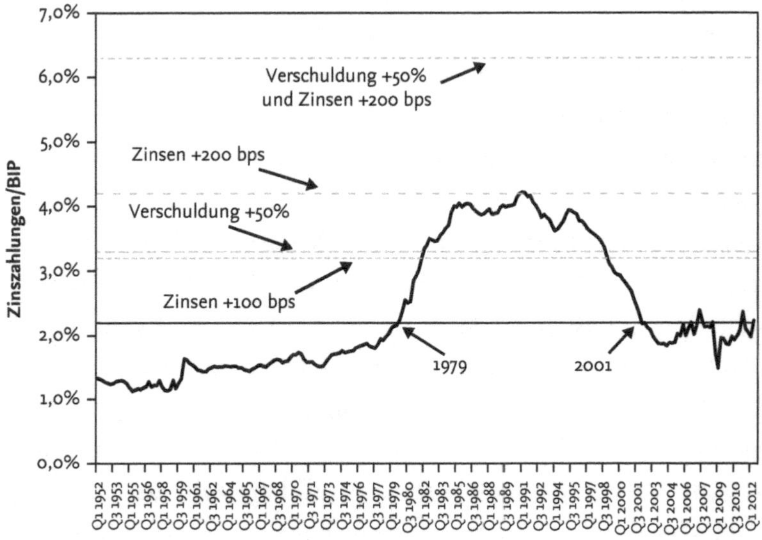


**Quelle:** Thomson Reuters, vom 31.12.1951 bis zum 30.6.2011.

in Prozent des BIPs. Unsere heutige Gesamtverschuldung ist zwar hoch, aber die Zinsen sind sehr niedrig – was die Schulden billig macht.

Während ich dies schreibe, sind die Zinskosten niedriger als in der gesamten Zeit von 1979 bis 2001, die nicht unbedingt für wirtschaftlichen Ruin bekannt ist. Im Gegenteil! Während eines großen Teils der 1980er- und 1990er-Jahre waren die Vereinigten Staaten das dominierende wirtschaftliche Kraftpaket. Und in den 1980ern und 1990ern fanden zwei Mega-Haussen statt, die jeweils fast ein Jahrzehnt lang dauerten. Die Kosten für die Schulden sind wirklich nur halb so hoch wie von 1985 bis 1995! Damals waren die hohen Kosten für die Schulden kein Problem. Dann können es unsere jetzigen viel niedrigeren Kosten natürlich auch nicht sein.

Zudem müssten unsere Gesamtverschuldung, der durchschnittliche Zinssatz, den wir bezahlen, oder beide enorm steigen, um auch nur einen Zahlbetrag zu erreichen, der früher trotzdem kein Problem war. Die höheren Zinszahlungen würden sich nur auf neu begebene Schulden auswirken, nicht auf bereits bestehende Schulden. Es würde eine Weile dauern, bis sich höhere Zinssätze auf die insgesamt gezahlten Zinsen auswirken würden.

Und selbst wenn der durchschnittliche Zinssatz um 100 Basispunkte oder die gesamte Staatsverschuldung um 50 Prozent steigen würde, lägen die Kosten für die Schulden immer noch unter dem Niveau von 1982 bis 1998, das wie gesagt nicht alarmierend war. Wenn die Zinsen um 200 Basispunkte in die Höhe schnellen würden, stünden wir erst da, wo wir 1991 standen – am Beginn eines massiven Wirtschaftsbooms und einer Hausse. Damit Niveaus herauskommen würden, die es noch nie gegeben hat, müsste die Verschuldung um 50 Prozent *und* die Zinsen um 200 Basispunkte steigen. Ich bezweifle, dass dies demnächst oder schnell passieren wird.

## Billigere Schulden nach der Herabstufung

Manche mögen behaupten, durch wachsende Schulden würden die Zinsen steigen, weil die Anleger das Vertrauen verlieren. Aber noch einmal, wo ist der Beweis? Die Nettoverschuldung Amerikas ist in den letzten Jahren gestiegen, aber die Zinsen sind gefallen.

Tatsächlich wurde das Bonitätsrating Amerikas herabgestuft – und doch sind die Zinsen niedriger als vorher!

Kurz zur Erinnerung: Im August 2011 hat S&P nach der erbitterten Debatte über die Anhebung der Schuldenobergrenze in den Vereinigten Staaten (eine willkürliche Marke, die bereits über 100 Mal angehoben wurde, seit sie im Jahr 1917 eingeführt wurde, um die Kriegsfinanzierung zu erleichtern) die USA von ihrem astreinen AAA-Rating heruntergestuft. Die Menschen befürchteten, dies würde bezüglich der US-Anleihen eine Vertrauenskrise auslösen.

Das passierte aber nicht. Das Gegenteil geschah! Die US-amerikanischen Aktien, die mitten in einer Korrektur steckten, stiegen bis zum Ende des Jahres 2011 und darüber hinaus. Während ich dies im Jahr 2012 schreibe, stehen die US-Aktien aufs Jahr gesehen deutlich im Plus.

Rund ein Jahr nach der Herabstufung waren die Zinsen auf Staatsanleihen durch die Bank niedriger als zuvor. Das ist genau das Gegenteil dessen, was man erwarten würde, wenn die Welt glauben würde, das Kreditrisiko der Vereinigten Staaten habe sich verschlechtert.

Aber genau das ist es ja. Die Welt glaubt eben nicht, das Kreditrisiko der Vereinigten Staaten habe sich verschlechtert. Das sagt uns der Markt. Und eigentlich glaubt nicht einmal S&P das unbedingt! Seine Herabstufung beruhte nicht auf finanziellen oder wirtschaftlichen Faktoren, sondern in erster Linie auf der Politik. Nach Meinung von S&P war es unwahrscheinlich, dass sich die beiden großen amerikanischen Parteien über wesentliche Haushaltsposten würden einigen können. (Wieso es für S&P etwas Neues war, dass sich Politiker nicht einigen können, ist mir zwar ein absolutes Rätsel, aber egal.)

Wenn man jedoch einen Blick auf die Geschichte wirft, dürfte einen das nicht überraschen. Es hat zwölf Fälle gegeben, in denen Länder vom AAA-Status (der höchsten Einstufung von S&P) herabgestuft wurden: Belgien, Irland, Finnland, Italien, Portugal und Spanien 1998; Japan 2001; erneut Spanien und Irland 2009; die Vereinigten Staaten 2011; Frankreich und Österreich 2012. Abbildung 13.4 zeigt, was im Durchschnitt mit dem 10-jährigen Leitzins im Vorfeld der Bonitätsabstufungen und unmittelbar danach geschah.

**Abb. 13.4: Anleihezinsen und S&P-Downgrades (Renditen 10-jähriger Anleihen)**

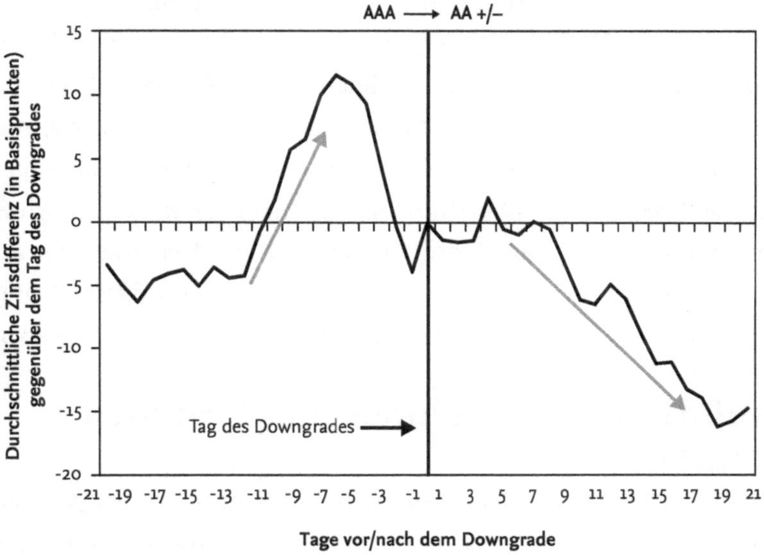


**Quelle:** Thomson Reuters, Stand 25.10.2012.[1]

Es kommt oft vor, dass die Zinsen kurz vor einer Herabstufung ein bisschen steigen, weil der Markt die Befürchtung der bevorstehenden Herabstufung bereits einpreist. Allerdings beträgt der durchschnittliche Anstieg nur elf Basispunkte – keine besonders große Bewegung. Und nach der Herabstufung? Dann fallen die Zinsen normalerweise.

Wieso reagieren die Märkte auf die Herabstufung der Bonität von AAA-Ländern meistens nur schulterzuckend? Die drei großen Ratingagenturen (S&P, Moody's und Fitch) bilden im Endeffekt ein staatlich gestütztes Oligopol. Deshalb brauchen Sie im Moment hinsichtlich des Preises oder der Qualität nicht miteinander zu konkurrieren. Gewöhnlich weiß der Markt, dass ihre Meinungen nicht viel wert sind.

Dazu kommt, dass die Ratingagenturen einen Hang dazu haben, zu sagen, was wir bereits wissen. Und wenn man seine Meinung auf das Verhalten von Politikern gründet – von Politikern, die nach der nächsten Wahl vielleicht gar nicht mehr da sind –, hat der Markt noch weniger Anlass, sich dafür zu interessieren.

Es ist eine Tatsache, dass die Vereinigten Staaten in den Augen von S&P vielleicht nicht mehr AAA sind, aber nach wie vor die größten und tiefsten Kreditmärkte der Welt besitzen. Aus diesem Grund sind die Kosten für die Staatsverschuldung der Vereinigten Staaten handhabbar und werden das vermutlich auch für eine Weile bleiben.

## Auf die Freundlichkeit von Fremden angewiesen?

Vielleicht teilen Sie ja nun meine Auffassung – dass es genauso (oder noch mehr) darauf ankommt, ob wir uns die Schulden leisten können, wie auf die relative Schuldenlast. Aber was ist mit der gängigen Angst, Amerika sei Ausländern verpflichtet?

Die Geschichte geht so: Andere Länder stützen unseren verschwenderischen Lebensstil und wir sind ihnen dadurch in gefährlicher Weise verpflichtet. Noch schlimmer: Fast alle unsere Schulden gehören China! (Es ist mir unbegreiflich, was die Menschen an China so sehr stört. Aber immer wenn man etwas über den Auslandsbesitz von Anleihen liest, wird viel Aufhebens von den Schatzanleihen gemacht, die sich in chinesischem Besitz befinden. Ich würde sagen, wenn uns die Chinesen günstig Geld leihen wollen, sollen sie's doch tun.)

Stimmt es, dass wir auf gefährliche Weise an Ausländer gebunden sind? Abbildung 13.5 zeigt die größten Inhaber amerikanischer Schuldpapiere und Abbildung 13.6 schlüsselt die Kategorie „Sonstige" auf.

**Abb. 13.5: Wer hält eigentlich die US-Staatsverschuldung?**

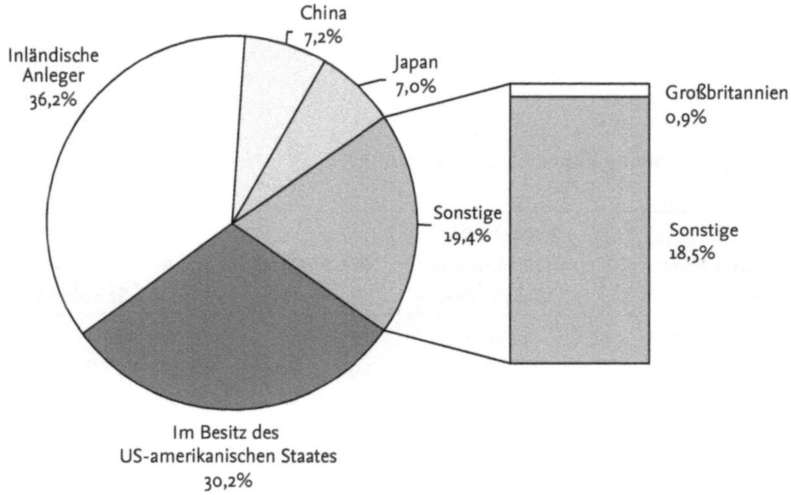


**Quelle:** Thomson Reuters, US Department of the Treasury, Stand 31.07.2012.

Der größte Teil unserer Schulden – 36,2 Prozent – wird von inländischen Anlegern gehalten. Das sind Privatpersonen, Unternehmen, gemeinnützige Organisationen, Banken, Investmentfonds und zahllose andere Körperschaften. Die US-Regierung selbst hält über staatliche Behörden 30,2 Prozent. Nur 33,6 Prozent sind im Besitz ausländischer Investoren.

Und das ist nicht nur China. China hält durchaus einen großen Brocken, nämlich 7,2 Prozent. Das ist auch kaum überraschend, denn China ist inzwischen die zweitgrößte Volkswirtschaft der Welt und stellt circa elf Prozent des globalen BIPs.[2] Japan hält fast die gleiche Menge – 7,0 Prozent. Aber niemand beschwert sich großartig darüber. (Japan und China tauschen als größter Auslandsgläubiger der Vereinigten Staaten oft die Plätze.) In den 1980er-Jahren regten sich die Menschen über Japans Wirtschaftswachstum auf sowie darüber, dass es US-amerikanische Anlagen kaufte. Aber dann trat Japan in eine lange Phase der Stagnation ein – vor allem weil es nicht so richtig kapitalistisch agiert.

**Abb. 13.6: „Sonstige" Kreditgeber der USA**

| Kreditgeber | Prozent der ausstehenden US-Schulden | Kreditgeber | Prozent der ausstehenden US-Schulden |
|---|---|---|---|
| Ölexportländer* | 1,65% | Kanada | 0,36% |
| Karibische Bankenzentren** | 1,61% | Mexiko | 0,36% |
| Brasilien | 1,59% | Indien | 0,33% |
| Alle anderen | 1,42% | Südkorea | 0,27% |
| Schweiz | 1,27% | Philippinen | 0,23% |
| Taiwan | 1,24% | Türkei | 0,22% |
| Russland | 0,96% | Polen | 0,19% |
| Belgien | 0,89% | Chile | 0,19% |
| Hongkong | 0,88% | Kolumbien | 0,18% |
| Luxemburg | 0,82% | Schweden | 0,18% |
| Irland | 0,58% | Italien | 0,17% |
| Singapur | 0,58% | Australien | 0,17% |
| Norwegen | 0,46% | Israel | 0,17% |
| Frankreich | 0,43% | Niederlande | 0,16% |
| Deutschland | 0,40% | Spanien | 0,16% |
| Thailand | 0,37% | Malaysia | 0,12% |

*Ecuador, Venezuela, Indonesien, Bahrain, Iran, Irak, Kuwait, Oman, Katar, Saudi-Arabien, Vereinigte Arabische Emirate, Algerien, Gabun, Libyen, Nigeria.
**Bahamas, Bermuda, Britische Jungferninseln, Kaimaninseln, Niederländische Antillen, Panama.

**Quelle:** Thomson Reuters, US Department of the Treasury, Stand 31.07.2012.

Menschen, die befürchten, China könnte die Vereinigten Staaten überholen, was die wirtschaftliche Dominanz betrifft, sollten aber wissen, dass Chinas Wachstum nicht das organische Wachstum einer Demokratie mit freier Marktwirtschaft ist. Die kommunistische Regierung Chinas benutzt das schnelle Wachstum, um ihre städtische Bevölkerung bei Laune zu halten. Sie nutzt alle verfügbaren Handhaben, um schnelles Wachstum zu erzeugen – in der Hoffnung, die gebildete Bevölkerung würde nicht merken (oder weniger dagegen aufbegehren), dass ihre Rechte mit Füßen getreten werden. (In diesem Land leben immer noch eine Milliarde Menschen in existenzieller Armut und nur relativ wenige gehören dem an, was man in den Vereinigten Staaten irgendwie als „Mittelschicht" bezeichnen würde.)

China wächst durchaus – sogar sehr! Irgendwann mag sein Ausstoß den der Vereinigten Staaten überholen. Aber um die Vereinigten Staaten herauszufordern, braucht China mehr als eine wachsende Produktion. Einfach gesagt kann China die wirtschaftliche Vorherrschaft nicht übertreffen, solange es keine echte marktwirtschaftliche Demokratie wird – was sowohl für China als auch für die Vereinigten Staaten und die Welt eine tolle Sache wäre.

Also besitzen die Chinesen und die ausländischen Investoren im Allgemeinen keine beängstigend großen Teile unserer Schulden. Aber die Menschen hegen oft noch zwei zusätzliche Befürchtungen: Erstens, dass die ausländischen Inhaber unsere Anleihen verkaufen und wir nicht in der Lage sind, sie zurückzuzahlen. Und/oder zweitens, dass sie aufhören werden, unsere Schulden zu kaufen, sodass wir unsere Verschwendung nicht mehr finanzieren können. (*Wenn* man der Meinung ist, wir seien verschwenderisch. Ich finde zwar, dass unser Staat unser Geld nicht klug ausgibt, aber ich habe keine Verschwendungsbefürchtungen, weil die

Schulden Amerikas, wie am Anfang des Kapitels dargelegt, erschwinglich sind.)

Spielen Sie einmal folgende logische Kette durch: Wieso sollte es beängstigend sein, wenn China (oder jemand anders) im großen Stil unsere Anleihen verkaufen würde? Diese Anleihen sind Verträge. Es gibt keine Rücknahmeklausel für den Fall, dass jemand sie weiterverkauft. Wir brauchen also nicht das gesamte Restkapital auf einmal zu berappen. Vielmehr würde China seine Schatzanleihen am Sekundärmarkt verkaufen. Jemand anders würde sie kaufen und *dem* würden wir die gleichen Zinsen bezahlen wie China. Das hat für die Vereinigten Staaten keinen Nettoeffekt. Uns kann es egal sein, wer unsere Schulden hält – uns interessiert nur, ob wir Zins und Tilgung bezahlen können (und das können wir).

Aber warum sollte China auf einen Schlag eine Menge Anleihen abstoßen? Dadurch würde es das Anleiheangebot auf dem Sekundärmarkt erhöhen. Steigt das Angebot, fallen die Preise. Mit diesem Geschäft würde China wahrscheinlich Verlust machen und sich selber ins Knie schießen.

Denken Sie auch daran: Zwischen den Renditen und den Preisen von Anleihen besteht eine umgekehrte Beziehung. Wenn China den Markt überflutet und dadurch die Preise drückt, steigen dadurch die Zinsen – was unsere supersicheren Anleihen bei der nächsten Auktion für jemand anders umso reizvoller macht! Das steigert die Nachfrage, was wiederum die Preise nach oben und die Renditen nach unten drückt. Wir hätten unter einem solchen Szenario also nicht viel zu leiden (wenn überhaupt). Außerdem ist es unwahrscheinlich, denn wie gesagt wird China ebenso wie der Metzger, der Bäcker und der Kerzenmacher in seinem besten eigenen Interesse handeln. Und es liegt nicht in seinem Interesse, eine große Menge seiner US-Schulden auf einen Schlag abzustoßen.

China kauft die amerikanischen Schuldpapiere nicht aus Wohltätigkeit oder wegen irgendeines globalen Karmas. Es fühlt sich den Vereinigten Staaten nicht verpflichtet. Es kauft unsere Anleihen, um dadurch ein bestimmtes Bedürfnis zu befriedigen. Im konkreten Fall kauft es so viele US-Anleihen, um seinen Währungskurs zu managen und weil es keine anderen Anleihemärkte gibt, die für Chinas massive Devisenreserven ausreichen würden.

## Keine Ausweichmöglichkeit

Und außerdem – wenn ein Land beschließt, keine US-Anleihen zu kaufen ... wessen Anleihen kauft es dann? Welche anderen Länder haben vergleichbar tiefe Anleihemärkte? Abbildung 13.7 zeigt die Nettostaatsverschuldung der Vereinigten Staaten im Verhältnis zu derjenigen der verbliebenen AAA-Nationen – die wahrscheinlich als Ersatz für die amerikanischen Schulden dienen würden. Die amerikanischen Anleihen stellen 57,5 Prozent der gesamten Anleihen dieser Gruppe. Ja, China und die anderen könnten auch Anleihen von Australien, Kanada oder Deutschland kaufen. Und das tun sie bereits! Aber dann müssten sie ihre Anleihepositionen breit streuen. Deutschland ist der zweitgrößte Emittent von Staatsanleihen, aber sein Markt beträgt nur 25 Prozent des amerikanischen. Das ist nicht gerade ein vollwertiger Ersatz für amerikanische Schuldpapiere und außerdem sind die Anleger damit einem größeren Zinsschwankungsrisiko ausgesetzt.

Amerikas Schuldensituation ist nicht angespannt. Wir sind nicht Griechenland. Nicht einmal annähernd! Und die Schulden sind nicht der böse schwarze Mann, für den viele sie halten. Klug eingesetzt sind Schulden ein korrekter, normaler Teil einer gesunden Volkswirtschaft. Würde man alle Schulden vermeiden, würde man dadurch nichts verbessern. Es gab eine Zeit, als Amerika keine

**Tab. 13.7: Die USA und andere Emittenten von Staatsanleihen**

| Land | Staatsanleihen (in Mio. USD) | Anteil an allen Staatsanleihen |
|---|---|---|
| Australien | 248.222 | 1,4% |
| Kanada | 1.235.836 | 6,9% |
| Dänemark | 92.466 | 0,5% |
| Finnland | 96.325 | 0,5% |
| Deutschland | 2.567.702 | 14,3% |
| Hongkong | 107.036 | 0,6% |
| Luxemburg | 7.056 | 0,0% |
| Niederlande | 464.941 | 2,6% |
| Norwegen | 154.848 | 0,9% |
| Singapur | 376.940 | 2,1% |
| Schweden | 144.975 | 0,8% |
| Schweiz | 180.361 | 1,0% |
| Großbritannien | 1.976.270 | 11,0% |
| **Vereinigte Staaten (AA1)** | **10.351.330** | **57,5%** |
| **Gesamt** | **18.004.307** | |

**Quellen:** CIA World Factbook 2011, World Bank Quarterly External Debt Statistics, alle Emittenten von Staatsanleihen, die am 31.12.2011 ein AAA-Rating hatten, und die Vereinigten Staaten.

Schulden hatte – nachdem Andrew Jackson von dem Erlös aus Landverkäufen im Westen alle Schulden bezahlt hatte. Letztlich führte dies zu der Panik des Jahres 1837 und zu der Depression von 1837 bis 1843 – einer der drei schwersten Rezessionen der amerikanischen Geschichte (die beiden anderen begannen 1873 und 1929).

Meckern Sie nicht über die Gesamtverschuldung. Achten Sie darauf, ob wir sie uns leisten können. Für Amerika sind die Schulden überaus erschwinglich und das wird wohl noch eine Weile so bleiben.

# Kapitel 14

## Dollar stark, Aktien stark

„Ein starker Dollar ist einfach besser.“

Die relative Stärke des US-Dollar (oder ihr Mangel) wird oft als Synonym für unzählige Übel angeführt. Zum Beispiel in den Aussagen: „Unsere Konjunktur ist schwach, also ist der Dollar schwach. Unser großes Haushaltsdefizit führt dazu, dass das Ausland auf uns herabschaut, und das schwächt den Dollar."

Und dann gibt es noch die Befürchtung, ein schwacher US-Dollar könnte wiederum zu weiterer Schwäche führen. Zum Beispiel macht ein schwacher Dollar Importe in die Vereinigten Staaten teurer – und da Amerika ein Netto-Importeur ist, kann dies das Wachstum beeinträchtigen! Und viele befürchten, ein schwacher Dollar würde schwache Aktienrenditen verheißen.

## Schwacher Dollar, starker Dollar – ist das wichtig?

Dass ein schwacher Dollar die Importe teurer macht, stimmt. Verstehen Sie das aber nicht so, dass ein starker Dollar gut wäre! Oder dass die Menschen glücklich darüber wären, wenn der Dollar stark ist. Ein starker Dollar, wie wir ihn in den 1990er-Jahren immer wieder hatten, wird oft auch als die Ursache von Übeln gesehen. Die Menschen beschweren sich, ein starker Dollar mache unsere *Exporte* zu teuer, sodass niemand sie kaufen will, und das ist für unsere Wirtschaft ebenfalls hart. Es ist, als würden die Menschen glauben, es gäbe ein perfektes Gleichgewicht zwischen Dollar und Nicht-Dollar – und wenn wir nicht an diesem Punkt stehen würden, wären wir auf dem Weg zum Ruin.

Das ist aus mehreren Gründen ein unsinniger Mythos. Erstens sind Währungen einfach verschiedene Sorten Geld. Keine ist grundsätzlich besser als eine andere. Es gibt sowohl Argumente für als auch gegen eine schwache oder eine starke Währung. Außerdem sind Devisen keine Anlagen mit Wertzuwachs wie etwa

Aktien. Sie sind Massenware. Wenn eine Währung schwach ist, dann nur im Verhältnis zu einer anderen. Also ist der Dollar schwach, weil der Euro oder das Pfund Sterling oder eine ganze Reihe anderer Währungen stark sind – und umgekehrt.

Sehen Sie das einmal so: Wenn Sie meinen, ein schwacher Dollar wäre schlecht für die US-amerikanische Wirtschaft, dann müsste ja ein starker Nicht-Dollar für die nicht-US-amerikanische Welt gut sein. Da die Vereinigten Staaten nur 22 Prozent des weltweiten BIP stellen,[1] müsste ein schwacher Dollar nach dieser Theorie für die Welt insgesamt weniger schlecht sein, als ein starker Nicht-Dollar für sie gut ist! Also müsste ein schwacher Dollar im Endeffekt gut sein. Nein, sogar großartig!

Sie wissen automatisch, dass das Blödsinn ist. Aber es ist die logische Schlussfolgerung, wenn man meint, eine schwache Währung wäre für die Wirtschaft schlecht – nur denken die Menschen die Dinge oft nicht bis zum Ende durch.

## Denken Sie im Vierer-Kästchen

Ein womöglich kostspieliger Mythos besagt, ein schwacher Dollar verheiße schwache Aktienrenditen. Das ist auch Blödsinn. Ob stark oder schwach, die relative Stärke des Dollar diktiert nicht die Entwicklungsrichtung des Marktes. Benutzen Sie die gleiche Logik wie vorhin: Wenn der Dollar schwach ist, bedeutet das, der Nicht-Dollar ist stark. Und wenn ein schwacher Dollar schlecht für die US-Aktien ist, heißt das, der starke Nicht-Dollar müsste für nicht-US-amerikanische Aktien gut sein. Wenn dem so wäre, könnten wir das anhand historischer Daten problemlos nachvollziehen – die US-Aktien und die Nicht-US-Aktien würden sich in ihrer Richtung abwechseln und wären zumindest ein bisschen negativ korreliert.

Aber das Gegenteil ist der Fall. Wie in Abbildung 14.1 zu sehen ist, bewegen sich die US-Aktien und die Nicht-US-Aktien normalerweise in die gleiche Richtung. Das tun sie nicht immer und nicht in der gleichen Größenordnung – aber wenn die US-Aktien steigen, steigen tendenziell auch die Nicht-US-Aktien. Wenn die US-Aktien fallen, ist es genauso. Nicht immer perfekt, aber es reicht, um zu zeigen, dass sich die US-Aktien und die Nicht-US-Aktien nicht in entgegengesetzte Richtungen bewegen.

Und hier noch eine andere Art, zu überprüfen, ob die Entwicklungsrichtung des Dollar sich auf die Aktien auswirkt. Ich bezeichne sie als Vierer-Kästchen und Sie können sie verwenden, um alle möglichen Überzeugungen zu überprüfen. Abbildung 14.2

**Abb. 14.1: US-Aktien und Nicht-US-Aktien**

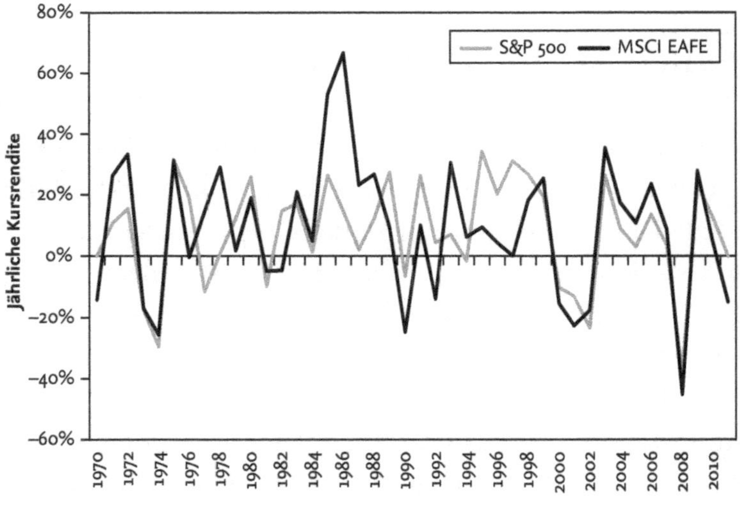


**Quelle:** Thomson Reuters, S&P 500 Price Index, MSCI EAFE Price Index, vom 31.12.1969 bis zum 31.12.2011.

zeigt die beiden möglichen Ergebnisse der US-Aktien in allen betrachteten Jahren – gestiegen oder gefallen – und ihre Häufigkeit. (Angegeben sind die Zahlen seit 1971, also nach dem Ende der Bretton-Woods-Ära, als die großen Währungen wirklich frei zu schwanken begannen.) Und sie zeigt die beiden möglichen Ergebnisse für den handelsgewichteten Dollar und ihre Häufigkeit. (Der handelsgewichtete Dollar ist deshalb die richtige Größe, weil es uns am wichtigsten ist, wie sich der Dollar im Verhältnis zu den Handelspartnern der Vereinigten Staaten entwickelt. Mit Bhutan treiben wir nicht viel Handel, deshalb ist es uns egal, ob der Ngultrum im Verhältnis zum Dollar superstark oder schwach ist.)

Dadurch erhält man die Häufigkeit der vier möglichen Ausgänge pro Jahr: sowohl Aktien als auch der Dollar gestiegen, Aktien gestiegen und Dollar gefallen, Aktien gefallen und Dollar gestiegen oder beide gefallen.

Erstens sollte Ihnen wie immer die Tatsache ins Gesicht springen, dass die US-Aktien öfter steigen als fallen – und zwar viel öfter –, in diesem Zeitraum in satten 78 Prozent aller Jahre.

**Abb. 14.2: US-Aktien und der US-Dollar**

| | | **US-Aktien** | | |
|---|---|---|---|---|
| | | **Gestiegen** | **Gefallen** | **Gesamt** |
| **US-Dollar** | **Gestiegen** | 17 (41%) | 4 (10%) | 21 (51%) |
| | **Gefallen** | 15 (37%) | 5 (12%) | 20 (49%) |
| | **Gesamt** | 32 (78%) | 9 (22%) | |

**Quelle:** Global Financial Data, Inc., Stand 07.03.2012, Trade-Weighted US Dollar Index,[2] S&P 500 Total Return Index,[3] vom 31.12.1970 bis zum 31.12.2011.

(Prägen Sie das in Ihre DNA ein, dann werden Sie mehr Anlageerfolg haben: Die Aktien steigen viel öfter, als sie fallen.) Zweitens war es mehr oder weniger ein Münzwurf, ob der Dollar gestiegen oder gefallen ist. Es gibt keine Belege dafür, dass der Dollar in eine bestimmte Richtung läuft.

Und was ist nun das häufigste Ergebnis? Sowohl der Dollar als auch die Aktien steigen – in 41 Prozent aller Jahre. Wenn man einmal akzeptiert hat, dass die Aktien öfter steigen als fallen, überrascht das auch nicht.

Und wo ist der Beweis, dass ein schwacher Dollar schlecht für die Aktien ist? Wenn dem so wäre, müssten die Zahlen zeigen, dass dann, wenn der US-Dollar gefallen ist, meistens auch die US-Aktien gefallen sind. Dem ist aber nicht so. Wenn der US-Dollar fiel, war es in der Geschichte so, dass die Aktien mit dreimal so hoher Häufigkeit gestiegen wie gefallen sind – 37 Prozent auf drei Jahre gegen zwölf Prozent auf ein Jahr. (Noch einmal: Die Aktien steigen häufiger, als sie fallen.)

Wenn die Aktien gefallen sind, kann man eine Münze werfen, ob der Dollar gestiegen oder gefallen ist, weil es grundsätzlich einem Münzwurf entspricht, ob der Dollar gestiegen oder gefallen ist. Hieraus kann man also keine Schlüsse ziehen, wie sich der Dollar auf die Entwicklungsrichtung des Aktienmarktes auswirkt, denn über lange Zeiträume *gibt es keine Auswirkung des Dollar* auf die Entwicklungsrichtung des Aktienmarkts.

Abbildung 14.3 zeigt das Gleiche, allerdings mit weltweiten Aktien. Wieder sind die Aktien öfter gestiegen als gefallen. Und wenn der US-Dollar gefallen ist, ist es fast viermal so wahrscheinlich, dass die weltweiten Aktien gestiegen und nicht gefallen sind (39 Prozent aller Fälle gegen zehn Prozent). Und wieder einmal kann man daraus keine Schlüsse ziehen, weil sich die

**Abb. 14.3: Aktien weltweit und der US-Dollar**

| | | Aktien weltweit | | |
|---|---|---|---|---|
| | | **Gestiegen** | **Gefallen** | **Gesamt** |
| **US-Dollar** | **Gestiegen** | 15 (37%) | 6 (14%) | 21 (51%) |
| | **Gefallen** | 16 (39%) | 4 (10%) | 20 (49%) |
| | **Gesamt** | 31 (76%) | 10 (24%) | |

**Quelle:** Global Financial Data, Inc., Stand 07.03.2012, Trade-Weighted US Dollar Index,[4] MSCI World Total Return Index mit Nettodividenden,[5] vom 31.12.1970 bis zum 31.12.2011.

Entwicklungsrichtung des Dollar nicht auf die Entwicklungsrichtung der weltweiten Aktienmärkte auswirkt. Klarer und einfacher geht es gar nicht.

Nun können sich aber Währungskursbewegungen sehr kurzfristig gesehen auf die Rendite eines Portfolios auswirken. Wenn man beispielsweise US-amerikanischer Anleger ist und eine Aktie aus Großbritannien besitzt und wenn sich zwar der Aktienkurs nicht ändert, aber das Pfund Sterling gegenüber dem Dollar zehn Prozent steigt, ist der Wert der britischen Aktie für Sie im Endeffekt um zehn Prozent gestiegen! Und wenn das Pfund Sterling um zehn Prozent fällt, dann fällt auch der Wert der Aktie für US-Anleger. Wenn sich die Wechselkurse stärker ändern als die Aktienkurse (was vorkommen kann), können sich die Devisenkurse auf die Dollar-Erträge von Auslandsaktien stärker auswirken als die Aktienkurse! Aber hallo!

Wenn man global investiert (was ich den meisten Aktienanlegern empfehle) und wenn man vollständig und angemessen global diversifiziert ist, müsste man also eine ganze Menge Währungen beobachten. Sollten Sie nun Ihre Stelle kündigen und Experte für den Devisenhandel werden?

Aber nein. Wenn Sie einen langen Zeithorizont haben (was auf die meisten Leser des vorliegenden Buches wahrscheinlich zutrifft), gleichen sich die Auswirkungen der Währungskurse auf ein globales Portfolio im Laufe der Zeit fast auf null aus, weil die Währungskurse im Prinzip ein Nullsummenspiel sind und unregelmäßigen Zyklen unterliegen.

Und wie wäre es, direkt in Währungen zu investieren? Das können Sie gerne tun, aber dazu müssen Sie wissen, dass Währungskurse notorisch volatil sind. Allerdings werden Anleger auf lange Sicht für diese Volatilität nicht entlohnt. Wenn man in Gewinnabsicht mit Devisen handeln will, muss man das kurzfristige Market-Timing sehr gut beherrschen. Und das ist unglaublich schwierig. Wenn Sie wissen, wie man das gut und konsequent macht, brauchen Sie eigentlich weder meine Hilfe noch dieses Buch.

Wenn jemand sagt, ein zu schwacher (manchmal auch ein zu starker) Dollar würde den Ruin der Aktien verheißen, ignorieren Sie das. Es gibt keine Belege dafür, dass dem so wäre, und auch keinen fundamentalen Grund. Man könnte im Gegenzug diese Angst als kleinen bullishen Faktor ausnutzen, denn die Angst der Anleger vor einem künftigen Faktor, von dem Sie wissen, dass er aller Wahrscheinlichkeit nach so nicht eintreten wird, können Sie zu Ihren Gunsten nutzen. Es könnte zwar durchaus sein, dass irgendetwas Unglück für die Aktien verheißt, aber der Dollar allein kann es nicht sein.

# Kapitel 15

## Turbulenzen irritieren die Aktien

„Die Aktien können nicht steigen, wenn die Welt so beängstigend ist.“

Oft sagen uns die Medien und die Experten, die Lage sei einfach „zu beängstigend“, die Nachrichten zu schlecht und die Welt zu gefährlich, als dass die Aktien steigen könnten. (Mehr dazu, wie man die Medien besser interpretieren kann, in Kapitel 16.) Aber die Welt war schon immer mit Risiken konfrontiert. Dazu mögen die Anleger sagen: „Ja, aber das war damals, und da wusste ich immer, dass die beängstigenden Zeiten gut enden würden. Aber *diesmal ist es anders.*“

Wie schon an anderer Stelle in diesem Buch besprochen, meinen die Menschen immer, diesmal sei es anders. Es ist aber niemals so sehr anders, wie die Menschen befürchten. Deshalb hat Sir John Templeton einmal gesagt: „Die vier teuersten Wörter sind ‚diesmal ist es anders‘.“

Auch Folgendes gehört zu dem Mischmasch an evolutionsbedingten Reaktionen, die für die Menschheit vor langer Zeit hilfreich waren, die aber heutzutage die Geldanlage erschweren: Die Menschen haben sich so entwickelt, dass sie frühere Leiden schnell vergessen. Das war ein überlebenswichtiger Instinkt! Wir meinen vielleicht, als wir mit früheren Ängsten konfrontiert waren, seien wir cool wie Eiszapfen gewesen, aber in Wirklichkeit waren wir das oft gar nicht.

Sie meinen, wir hätten gerade ein paar harte Jahre hinter uns? Ein größeres Erdbeben in Japan, gefolgt von einem Tsunami und einem Atomunfall. Erhöhte Spannungen im Nahen Osten. Kontroverse Politik. Aber ist die Politik heutzutage wirklich kontroverser? Die politische Rhetorik war schon immer hitzig – jeder, der Ihnen sagt, wir wären heutzutage mehr geteilter Meinung, hat nicht den Hauch einer Ahnung von der Geschichte der Vereinigten Staaten. Politische Grabenkriege sind eine Konstante. (Und wenn Sie die US-amerikanischen Politiker für hitzig halten, sollten Sie sich einmal eine britische Parlamentssitzung anschauen. Tja, und im Jahr 2012 hat ein griechischer Politiker einer politischen Rivalin *live im Fernsehen ins Gesicht geschlagen.*)

Die Spannungen im Nahen Osten sind nicht erst aufgeflammt, als Israel zu einer Nation wurde, sondern es gab sie schon sehr viel länger. (Im Jahr 1801 wurden US-Marines in das heutige Libyen entsendet, um die Schifffahrtsrouten vor Terroristen zu schützen – den Berber-Piraten.) Und von Naturkatastrophen wird die Welt schon seit ... nun ja, schon seit dem Urknall geplagt. Es gibt keine Anzeichen dafür, dass die Häufigkeit oder die Schwere von Naturkatastrophen zunehmen würde.

Manche Menschen behaupten gern, sogar das Wetter würde aus irgendeinem Grund immer heftiger und unberechenbarer, sodass die Hurrikans schlimmer würden und so weiter. Das erklärt aber nicht, wieso der Hurrikan 1900 in Galveston der tödlichste war, der jemals die Küste der Vereinigten Staaten erreicht hat – und in heutigen Dollar gerechnet der zweitteuerste. Von den zehn stärksten Hurrikans, die die Küste der Vereinigten Staaten erreicht haben, fanden alle außer zwei vor 1970 statt.[1] Das aktivste Hurrikan-Jahrzehnt, seit es Aufzeichnungen dazu gibt (seit 1851), waren die 1940er-Jahre mit 24, gefolgt von den 1880er-Jahren mit 22 sowie den 1890er- und den 1910er-Jahren mit jeweils 21 Hurrikans.[2]

Und warum ist das wichtig? Weil die Menschen gegenwärtige Ereignisse in ihrem Geist aufblähen und sich an frühere Ereignisse falsch erinnern. Sie halten die momentane weltpolitische Lage für angespannt? Und was ist mit dem gesamten Kalten Krieg? Oder mit der Kubakrise, als eine kurze Bootsfahrt von Florida entfernt tatsächlich Raketen stationiert waren, die auf unsere Betten zielten? Sie meinen, die Verschuldung sei hoch? Nach dem Zweiten Weltkrieg lag sie deutlich über 100 Prozent des BIPs.

Erinnern Sie sich noch an Tschernobyl? Dieser Unfall stellte den besser eingedämmten in Japan 2011 in den Schatten. Es hat in den Vereinigten Staaten lange Zeiten gegeben, in denen Lebensmittel und Benzin rationiert waren – und dies nicht nur als Reaktion auf kurzlebige Naturkatastrophen. Wir wurden auf unserem eigenen Boden in Hawaii, in New York und in Washington angegriffen, und Botschaften unseres Landes im Ausland wurden attackiert (nicht erst 2012, sondern schon viele Male vorher). Wir hatten Ölpreisschocks, Streiks, Rezessionen, Aufstände, Hyperinflation und Deflation, Bilanzierungsskandale, Amtsenthebungen und hausgemachte Terroranschläge auf unserem eigenen Boden.

Sehen Sie sich einmal Abbildung 15.1 an, die bemerkenswerte Ereignisse aller Jahre seit 1934 und dazu die jeweiligen globalen Aktienrenditen zeigt. Trotz allem sind die Aktien insgesamt gestiegen. Es treten zwar durchaus Baissen auf, aber noch nie war eine Baisse in den Vereinigten Staaten oder der Welt durch eine Naturkatastrophe bedingt. Und abgesehen vom Ausbruch des Zweiten Weltkriegs in Europa hatten geopolitische Spannungen – sogar größere offene Terroranschläge oder der Beginn heißer Kriege – nur flüchtige und nicht unbedingt negative Auswirkungen auf die Aktien.

Die Geschichte ist nie ungetrübt. Die Welt kann einem ganz schön Angst machen – sie kommt nie zur Ruhe. Doch die Widerstandsfähigkeit der Kapitalmärkte zieht sich wie eine Konstante durch die gesamte Geschichte. Wenn Sie warten wollen, bis sich die Lage „beruhigt hat“, bevor Sie investieren, dann können Sie wirklich lange warten. Und wenn Sie in turbulenten Zeiten nichts investieren würden, dann wären Sie fast nie investiert – und das wäre ein Fehler, denn die Aktien sind in 72 Prozent aller Jahre gestiegen.[3]

Aber wie können die Aktien angesichts all dieser Dramen und Traumata steigen? Beängstigende Dinge sind in dieser Welt eine Konstante. Wenn sie weithin bekannt werden, werden sie schnell in den Markt eingepreist. Und genauso oft sind sie für die Aktien nicht schlecht, sondern gut.

**Abb. 15.1: Keine ruhige Minute**

| Jahr | Ereignis | Aktienrendite |
|---|---|---|
| 1934 | Umfassende Wall-Street-Reformen verabschiedet; National Recovery Act, Preiskontrollen, Hitler erklärt sich zum Führer. | 2,55% |
| 1935 | Italien marschiert in Afrika ein; Hitler lehnt Versailler Verträge ab; Dust Bowl, Social Security Act; National Recovery Administration für verfassungswidrig erklärt. | 22,78% |
| 1936 | Hitler besetzt das Rheinland; Appeasement-Politik gegenüber den Nazis; Spanischer Bürgerkrieg; Spitzensteuersatz in den USA erreicht 79 Prozent. | 19,28% |
| 1937 | Kurze, aber scharfe Rezession in den USA; Investitionen und Produktion sacken ab; Japan marschiert in China ein. | -16,95% |
| 1938 | Nazis annektieren Österreich und marschieren in der Tschechoslowakei ein; Neuengland von schwerem Hurrikan betroffen. | 5,61% |
| 1939 | Deutschland und Italien unterzeichnen Militärabkommen; Großbritannien, Frankreich und Polen verbünden sich; Einmarsch in Polen, Beginn des Zweiten Weltkriegs. | -1,44% |
| 1940 | Frankreich fällt an Hitler; Schlacht um Großbritannien, US-Spitzensteuersatz über 81 Prozent; Wall-Street-Regulierungen verabschiedet. | 3,53% |
| 1941 | Pearl Harbor; Deutschland marschiert in die UdSSR ein; USA erklären Japan, Deutschland und Italien den Krieg. | 18,74% |
| 1942 | Kriegsbedingte Preiskontrollen; Schlacht um Midway; US-Spitzensteuersatz 88 Prozent. | 1,19% |

Fortsetzung

| Jahr | Ereignis | Aktienrendite |
|---|---|---|
| 1943 | Fleisch und Käse in den USA rationiert; Preis- und Lohnkontrollen; größere U-Boot-Angriffe; Bundesdefizit über 30 Prozent des BIPs. | 19,89% |
| 1944 | Konsumgüter knapp; Invasion der Alliierten in der Normandie; US-Spitzensteuersatz erreicht Rekordwert von 94 Prozent. | -10,24% |
| 1945 | Nachkriegs-Rezession vorhergesagt; Invasion von Iwo Jima; Roosevelt stirbt; Atombombe über Japan abgeworfen. | 11,03% |
| 1946 | US-Nettoverschuldung über 100 Prozent des BIPs; Employment Act of 1946 verabschiedet; Stahl- und Werftarbeiter streiken. | -15,12% |
| 1947 | Kalter Krieg; in den USA hohe Inflation; Streit um Israel/ Palästina tobt; Krieg zwischen Indien und Pakistan; Kommunisten übernehmen in Ungarn die Macht. | 3,20% |
| 1948 | Blockade von Berlin; USA beschlagnahmen Eisenbahnen, um Streiks abzuwenden; Unabhängigkeit Israels, sofortige Invasion; Rezession in den USA. | -5,73% |
| 1949 | Russland zündet Atombombe; Großbritannien wertet das Pfund ab; Kommunisten kontrollieren China; Spannungen zwischen Taiwan und China. | 5,42% |
| 1950 | Koreakrieg; McCarthy und die „Rote Gefahr“; China marschiert in Tibet ein; Weltbevölkerung steigt über 2,5 Milliarden. | 25,48% |
| 1951 | Übergewinnsteuer; Rosenberg-Prozess; Fortsetzung des Koreakriegs; USA testen Wasserstoffbombe; Marshall-Plan endet. | 22,45% |
| 1952 | USA beschlagnahmen Stahlwerke, um Streiks abzuwenden; Revolution in Ägypten; Putsch in Jordanien; in Amerika erreicht die Angst vor Kinderlähmung den Höhepunkt. | 15,82% |
| 1953 | Überschwemmungen an der Nordseeküste; Russland zündet Wasserstoffbombe; Rezession; Stalin stirbt; Koreakrieg endet. | 4,84% |
| 1954 | Dow Jones bei 300 Punkten – Angst vor Höhepunkten; Konflikt zwischen Taiwan und China; Französischer Indochinakrieg; Integrationsdebatte Brown vs. Board. | 49,82% |
| 1955 | Eisenhower krank; Warschauer Pakt gegründet; Nordvietnam marschiert in Südvietnam ein; die 7. Flotte der US-Streitkräfte unterstützt Taiwans Armee. | 24,74% |
| 1956 | Suezkrise – Kämpfe zwischen Israel und Ägypten; asiatische Grippe; ungarische Revolution von den Sowjets niedergeschlagen. | 6,58% |

| Jahr | Ereignis | Aktienrendite |
|---|---|---|
| 1957 | Russland startet Sputnik; Rezession; Integrationskrise an der Little Rock Central High; Eisenhower erleidet Hirnschlag. | -6,02% |
| 1958 | Rezession; Konflikt zwischen Taiwan und China; Marines nach Beirut entsendet; Chruschtschow versucht, die Kontrolle über Berlin zu vereinheitlichen. | 34,46% |
| 1959 | Castro ergreift in Kuba die Macht; Stahlarbeiterstreiks in den USA; ein von Kuba unterstützter Aufstand in der Dominikanischen Republik scheitert. | 23,30% |
| 1960 | Rezession; Russland schießt U-2-Spionageflugzeug ab; Castro verstaatlicht ausländischen Grundbesitz; Weltbevölkerung über drei Milliarden. | 3,49% |
| 1961 | Bau der Berliner Mauer; Green Berets nach Vietnam entsendet; Invasion in der Schweinebucht gescheitert; Freedom Riders – Bürgerrechte. | 20,78% |
| 1962 | Kubakrise; JFK reguliert Stahlpreise; Kuba-Embargo; Kämpfe zwischen China und Indien. | -6,21% |
| 1963 | Präsident Kennedy ermordet; Regierung Südvietnams gestürzt; Debatten über Integration/Segregation werden intensiver. | 15,38% |
| 1964 | Golf von Tonkin; Rassenunruhen; Staatsstreich in Brasilien; Segregation abgeschafft; Chruschtschow abgesetzt. | 11,25% |
| 1965 | Bürgerrechtsmärsche; reguläre US-Truppen in Vietnam; Krieg zwischen Indien und Pakistan; großer Stromausfall im Nordosten betrifft 30 Millionen Menschen. | 9,83% |
| 1966 | Vietnamkrieg eskaliert; Putsch in Nigeria; Beginn der Kulturrevolution in China. | -10,12% |
| 1967 | Rassenunruhen in den USA; britisches Parlament stimmt für Verstaatlichung von 90 Prozent der Stahlindustrie; Sechstagekrieg. | 21,28% |
| 1968 | USS Pueblo gekapert; Tet-Offensive; Martin Luther King und Robert Kennedy ermordet; Sowjets schlagen Prager Frühling nieder. | 13,94% |
| 1969 | Rezession in den USA; Leitzins auf Rekordhoch; Nordkorea schießt Flugzeug der US-Marine ab; Gaddafi übernimmt die Macht in Libyen. | -3,86% |

Fortsetzung

| Jahr | Ereignis | Aktienrendite |
|---|---|---|
| 1970 | USA marschieren in Kambodscha ein; Bankrott der Penn Central; Poseidon-Blase in Australien platzt; Schießerei an der Kent State. | -3,08% |
| 1971 | Löhne und Preise eingefroren; Ende der Bretton-Woods-Ära; Goldstandard abgeschafft; US-Dollar abgewertet. | 18,36% |
| 1972 | USA verminen vietnamesische Häfen; israelische Athleten bei den Olympischen Spielen in München ermordet; Irak verstaatlicht Ölgesellschaften. | 22,48% |
| 1973 | Energiekrise – arabisches Ölembargo; Beginn einer Rezession in den USA; Watergate-Skandal; Agnew tritt zurück; Jom-Kippur-Krieg. | -15,24% |
| 1974 | Steilster Marktrückgang seit vier Jahrzehnten; Nixon tritt zurück; Yen abgewertet; Franklin National Bank bricht zusammen. | -25,47% |
| 1975 | New York bankrott; Nordvietnam gewinnt den Krieg; Großbritannien verstaatlicht Autohersteller; der spanische Diktator Francisco Franco stirbt. | 32,80% |
| 1976 | OPEC erhöht die Ölpreise; US-amerikanischer Staat übernimmt viele private Eisenbahngesellschaften; Bürgerkrieg im Libanon. | 13,40% |
| 1977 | Sozialabgaben erhöht; Anschlag spanischer Neofaschisten während einer politischen Versammlung; Stromausfall in New York. | 0,68% |
| 1978 | Steigende Zinsen; Nettoverschuldung der USA steigt über 600 Milliarden Dollar, doppelt so hoch wie 1970; Cleveland in Ohio bankrott. | 16,52% |
| 1979 | CPI-Inflation schnellt in die Höhe; nuklearer Zwischenfall in Three Mile Island; Iran besetzt die US-Botschaft; UdSSR marschiert in Afghanistan ein. | 10,95% |
| 1980 | Zinsen auf Allzeithoch; Love Canal; Krieg zwischen Iran und Irak; Chrysler gerettet; Silber-Crash. | 25,67% |
| 1981 | Beginn einer scharfen Rezession; Reagan angeschossen; Energieblase platzt; AIDS zum ersten Mal erkannt; Israel bombardiert iranische Atomanlage. | -4,79% |
| 1982 | Schlimmste Rezession seit 40 Jahren – Profite stürzen ab; Arbeitslosigkeit steigt; Falkland-Krieg; US-Embargo gegen libysches Öl. | 9,71% |

| Jahr | Ereignis | Aktienrendite |
|---|---|---|
| 1983 | US-Invasion in Grenada; US-Botschaft in Beirut bombardiert; WPPSS – größte Pleite aller Zeiten eines öffentlichen Anleihefonds; US-Nettoverschuldung erreicht eine Billion Dollar. | 21,93% |
| 1984 | Rekord-Defizit des Bundeshaushalts; FDIC rettet Continental Illinois; Monopol von AT&T zerschlagen; Tankerkrieg im Persischen Golf; Gasleck bei Union Carbide in Bhopal. | 4,72% |
| 1985 | Rüstungswettlauf; Banken in Ohio geschlossen, um einen Run zu stoppen; USA größter Schuldner der Welt; Nettoverschuldung 1,5 Billionen Dollar – doppelt so viel wie 1980. | 40,56% |
| 1986 | USA bombardieren Libyen; Boesky gesteht Insiderhandel; Challenger explodiert; Tschernobyl. | 41,89% |
| 1987 | Eintägiger Rekord-Kursverfall an der Börse; Ermittlungen in der Iran-Contra-Affäre ergeben Reagans Schuld; Weltbevölkerung fünf Milliarden. | 16,16% |
| 1988 | First Republic Bank macht Bankrott; Noriega von den USA angeklagt; Bombenanschlag auf Pan Am 103; „Big Bang“ – Finanzmarktreformen in Großbritannien. | 23,29% |
| 1989 | Platz des Himmlischen Friedens; Erdbeben in San Francisco; US-Truppen in Panama eingesetzt; Tankerunglück Exxon Valdez; Sparkassenkrise – mehr als 500 Banken bankrott; Resolution Trust Corp. gegründet. | 16,61% |
| 1990 | Rezession; Verbrauchervertrauen bricht ein; Irak marschiert in Kuwait ein – erhöhte Spannungen; Befürchtungen wegen der deutschen Wiedervereinigung. | -17,02% |
| 1991 | USA beginnen Krieg im Irak; Arbeitslosigkeit steigt auf sieben Prozent; Anschlag irischer Terroristen auf Downing Street 10; UdSSR zerbricht. | 18,28% |
| 1992 | Hurrikan Andrew verwüstet Florida; Unruhen in Los Angeles; Rezessionsängste; erbitterter Wahlkampf. | -5,23% |
| 1993 | Steuererhöhungen; Anschlag auf das World Trade Center; Double-Dip-Rezession in Europa; Britisches Pfund abgewertet. | 22,50% |
| 1994 | Versuch, das Gesundheitswesen zu verstaatlichen; Krise des Mexikanischen Peso; ehemaliges Jugoslawien stürzt in Bürgerkrieg; Kim Il Sung stirbt. | 5,08% |

Fortsetzung

| Jahr | Ereignis | Aktienrendite |
|---|---|---|
| 1995 | Panik wegen Dollarschwäche; Clinton rettet Mexiko; Sarin-Anschlag von Omu Shinrikyo in Japan; Bombenanschlag in Oklahoma City. | 20,72% |
| 1996 | Inflationsängste; Whitewater-Ermittlungen; Anschlag auf den Khobar Tower; Greenspan spricht vom „irrationalen Überschwang" der Anleger. | 13,48% |
| 1997 | Mini-Crash der Tech-Aktien im Oktober und Asienkrise; China übernimmt Hongkong; Abrüstungskrise im Irak. | 15,76% |
| 1998 | Krise des Russischen Rubel; „Asiatische Grippe"; Long-Term-Capital-Management-Debakel; Anschläge auf US-Botschaften in Afrika. | 24,34% |
| 1999 | Y2K-Paranoia und Korrektur; Amtsenthebungsverfahren gegen Clinton; in Venezuela kommt Hugo Chavez an die Macht; Balkankrieg. | 24,93% |
| 2000 | Platzen der Dotcom-Blase beginnt; strittige Präsidentschaftswahl Gore gegen Bush; Anschlag auf die USS Cole. | -13,18% |
| 2001 | Rezession; am 11. September Anschlag auf das World Trade Center; Bombenanschlag der IRA auf die BBC; Afghanistan-Krieg der USA; der umstrittene Patriot Act wird verabschiedet. | -16,82% |
| 2002 | Bilanzierungsskandale bei Großunternehmen; Sarbanes-Oxley Act verabschiedet; Angst vor Terrorismus; Spannungen mit dem Irak, „Achse des Bösen". | -19,89% |
| 2003 | Investmentfonds-Skandale; Konflikt im Irak; SARS; Space Shuttle Columbia explodiert; israelische Luftangriffe in Syrien. | 33,11% |
| 2004 | Befürchtungen einer Dollarschwäche und eines „dreifachen Defizits" in den USA; Zuganschläge in Madrid; mehr als 100.000 Tote bei Tsunami im Indischen Ozean. | 14,72% |
| 2005 | Spannungen mit Nordkorea und dem Iran wegen Atomwaffen; Hurrikan Katrina; Ölpreis steigt auf 70 Dollar; Anschläge in London am 7. Juli. | 9,49% |
| 2006 | Kernwaffentests in Nordkorea; Kriege in Irak und Afghanistan gehen weiter; Beginn des mexikanischen Drogenkriegs. | 20,07% |
| 2007 | Finanzunternehmen tätigen Abschreibungen; wesentliche Änderungen der Rechnungslegungsvorschriften; Israel greift vermutliche syrische Atomanlage an; Subprime-Befürchtungen. | 9,04% |

| Jahr | Ereignis | Aktienrendite |
|---|---|---|
| 2008 | Globale Finanzpanik; steilster Börsenverfall in einem Jahr seit den 1930er-Jahren; Ölpreis über 140 Dollar; staatliche Rettungsaktionen. | -40,71% |
| 2009 | Arbeitslosigkeit steigt über zehn Prozent; weltweit massive finanzielle und monetäre Anreize; Rettung US-amerikanischer Autohersteller. | 29,99% |
| 2010 | Befürchtungen wegen PIIGS-Staatsanleihen; Befürchtungen einer Double-Dip-Rezession; „Flash Crash"; US-Gesundheits- und Finanzreform verabschiedet. | 11,76% |
| 2011 | Arabischer Frühling; Erdbeben und Tsunami in Japan; Besorgnis wegen PIIGS-Staatsanleihen hält an; Bin Laden getötet; USA herabgestuft. | -5,54% |

**Quelle:** Global Financial Data, Stand 28.08.2012, Thomson Reuters. Die Renditen von 1970 bis 2011 geben den Morgan Stanley Capital International (MSCI) World Index wieder, der die Performance ausgewählter Aktien aus 24 entwickelten Ländern angibt, einschließlich Dividenden und Steuereinbehaltungen. Die Renditen vor 1970 wurden von Global Financial Data geliefert und simulieren die Entwicklung eines weltweiten Index einschließlich Dividenden, der ab 1934 berechnet worden wäre.

Bedenken Sie außerdem, dass die Aktien auf kurze Sicht wild hin und her schwanken können. Doch über längere Zeit gehen sie nach oben und bieten fast endlos steigende Gewinne. Wie im vorliegenden Buch immer wieder betont, ist das Gewinnstreben eine sehr mächtige positive Kraft. Es ist die Grundlage des Kapitalismus und der Grund, weshalb freie, demokratische und kapitalistische Nationen gedeihen, weniger freie hingegen nicht. Wenn die Menschheit vor Herausforderungen steht, tut das dem Gewinnstreben keinen Abbruch. Tatsächlich können Herausforderungen und die Notwendigkeit von Innovationen sogar motivierende Faktoren für Menschen sein, die bereit sind, auf der Jagd nach künftigen Profiten Risiken einzugehen. Die Kapitalmärkte sind deshalb so widerstandsfähig, weil die Menschheit widerstandsfähig ist. Diejenigen, die dagegen gewettet haben, wurden immer und immer wieder widerlegt.

# Kapitel 16

## Nachrichten, die man nutzen kann

„Das habe ich in den Nachrichten gehört, also muss es stimmen."

Diese Aussage dürfte ebenso wie „diesmal ist es anders“ zu den teureren Sätzen unserer Sprache gehören.
In den gut 28 Jahren, seit denen ich für die Zeitschrift *Forbes* die Kolumne „Portfolio Strategy“ schreibe, habe ich oft über die Herausforderungen (und Chancen) bei der Interpretation von Nachrichten geschrieben. In meiner Kolumne vom 13.3.1995 mit dem Titel „Advanced Fad Avoidance“ brachte ich unter anderem folgenden Tipp, wie man es vermeidet, schädlichen Moden zum Opfer zu fallen:

> „Wenn Sie von einer Investmentidee oder einem bedeutenden Ereignis in den Medien mehr als einmal lesen oder hören, ist es bereits zu spät. Wenn schon mehrere Kommentatoren darüber nachgedacht und geschrieben haben, ist auch eine neue Nachricht schon zu alt.“

Manche, die dieses und anderes lesen, was ich über die Medien geschrieben habe, meinen vielleicht fälschlicherweise, ich wolle damit sagen, Nachrichten seien schlecht und man solle sie ignorieren. Aber nein! Nachrichten sind der Freund des Anlegers! Ignorieren Sie sie nicht. Lernen Sie lieber, sie anders und korrekt zu interpretieren. Das verschafft Ihnen bei der Geldanlage insgesamt meistens einen Vorsprung.

## Schauen Sie in die andere Richtung

Zunächst einmal erfährt man beim Lesen von Nachrichten, worauf sich alle Welt konzentriert. Diese wertvolle Dienstleistung bekommen Sie völlig kostenlos!

Die meisten Menschen wissen, dass sie, wenn sie erfolgreich auf den Markt setzen wollen, etwas wissen sollten, was die meisten anderen Leute nicht wissen. Sie wissen aber nicht, wo sie ansetzen sollen, um etwas zu erfahren, das andere nicht wissen! Ein guter Ausgangspunkt ist es, einfach zu wissen, worauf sich alle anderen konzentrieren – und dann wegzuschauen! Und dafür kann man die Nachrichten benutzen.

Der Aktienmarkt verarbeitet alle allgemein bekannten Informationen sehr effizient. Wenn man in unserer Welt, in der sieben Tage die Woche rund um die Uhr Nachrichten verbreitet werden – die auf Knopfdruck rund um die Welt sausen –, etwas problemlos online, gedruckt oder im Fernsehen findet, wird diese Nachricht wahrscheinlich von den Aktienkursen bereits weitgehend wiedergegeben. Oder es passiert so bald und so schnell, dass Ihre Chance, zu handeln, bis dahin wahrscheinlich schon vorüber ist. Und je länger etwas Schlagzeilen macht, umso mehr ist seine marktbewegende Kraft schon aufgezehrt.

Das heißt aber nicht, dass die Aktien nicht fallen könnten, wenn schlechte Nachrichten gemeldet werden. So etwas kann durchaus passieren! Nachrichten können sich auf die Stimmung auswirken, und die Stimmung verändert sich schnell. Schon der Versuch, kurzfristige Ausschläge abzupassen, kann gefährlich sein. Wahrscheinlich zieht man sich damit meistens selbst über den Tisch. Und häufig reagiert die Stimmung auf schlechte Nachrichten zunächst maßlos übertrieben. Wenn man auf schlechte Nachrichten hin verkauft, kann es passieren, dass man zu billig verkauft und einen besseren, späteren Ausstiegszeitpunkt verpasst – falls die schlechte Nachricht wirklich so schlecht ist. Außerdem gibt es keine Garantie dafür, dass Ihre als Ersatz gekauften Aktien hinterher steigen. Wenn man auf schlechte Nachrichten hin verkauft – und nur deswegen –, kauft man vielleicht teuer, verkauft billig und verpasst möglicherweise auch noch einen erneuten Anstieg.

Hinzu kommt, dass für viele Anstiege oder Rückgänge von Aktienkursen häufig ein anderer Faktor (wahrscheinlich mehrere Faktoren) verantwortlich ist als derjenige, der in den Medien als Ursache ausgiebig diskutiert wird.

Wenn sich also alle auf etwas Bestimmtes konzentrieren, sollten Sie diesen Punkt beruhigt ignorieren und in die andere Richtung schauen – auf das, worauf sich die Menschen nicht konzentrieren. Auf diejenigen Dinge, die vielleicht tatsächlich die Kraft besitzen, die Märkte in Zukunft wesentlich zu bewegen. Die anderen blicken in den Rückspiegel und meinen, dieser könnte ihnen zeigen, was vor ihnen liegt. Das funktioniert aber nie und mündet oft in eine Katastrophe.

Schauen Sie weg. Wenn Sie das schaffen, können Sie sich gegenüber anderen Anlegern einen Vorsprung verschaffen. Ja sogar gegenüber den meisten Profis! Aber wenn Sie die gleichen Nachrichten betrachten wie alle anderen und sie auf die gleiche Art interpretieren, entgehen Ihnen wahrscheinlich die anderen Faktoren. Dann laufen Sie mit der Herde.

## Ein Stimmungsindikator

Außerdem sind Nachrichten ein guter Stimmungsindikator. Die Stimmung ist von entscheidender Bedeutung, denn über die kommenden circa zwölf bis 24 Monate ist sie im Endeffekt gleichbedeutend mit der Nachfrage. (Wenn Sie mehr über die Nachfrage wissen wollen, lesen Sie noch einmal Kapitel 9.) Wenn Ihnen klar ist, wo Sie die derzeitige Stimmung auf dem Barometer einzuordnen haben, und wenn Sie eine gute Hypothese darüber aufstellen können, ob sie steigen oder fallen wird, wissen Sie ziemlich genau, ob die Aktien mit größerer Wahrscheinlichkeit steigen oder fallen werden.

Es wird Ihnen zwar nicht gefallen, wenn ich das sage, aber das Erkennen von Stimmungen ist genauso sehr (oder noch mehr) eine Kunst wie eine Wissenschaft. Viele Menschen beurteilen die Stimmung anhand von Indizes zum Verbrauchervertrauen – zwei populäre derartige Indizes werden von der University of Michigan und dem Conference Board veröffentlicht.

Allerdings sind alle Stimmungsindikatoren, die ich kenne, fehlerhaft. Normalerweise sind sie so konstruiert, dass sie einen sauberen Schnappschuss davon abliefern, wie sich die Menschen im Durchschnitt gefühlt haben ... jedoch im *vergangenen* Monat. Genauer gesagt zeigen diese Indizes die durchschnittliche Gefühlslage der Menschen *Mitte* des vergangenen Monats. Bestenfalls sind sie zufällig, aber meistens sind sie rückwärtsgerichtet. Da aber die Aktien vorwärtsgerichtet sind, bringt es einem absolut gar nichts, wenn man weiß, wie sich die Menschen Mitte des vergangenen Monats im Durchschnitt gefühlt haben. Es gibt keinen Beleg dafür, dass irgendeine Statistik zum Verbrauchervertrauen zuverlässige Vorhersagekraft besäße.

Aber wenn man jeden Tag drei oder vier landesweite oder internationale Zeitungen überfliegt, kann man sich einen guten Eindruck von der allgemeinen geistigen Verfassung verschaffen. Wenn man die Medien auf die richtige Art konsumiert, bekommt man schnell und leicht ein grobes Gefühl für die Stimmung.

Dabei sollte man besonders auf Stimmungsextreme achten. Extreme Euphorie ist normalerweise ein schlechtes Zeichen – man sieht das bei fast allen Höhepunkten von Haussen. In ähnlicher Weise ist eine extrem negative Stimmung charakteristisch für die Bodenbildungsphase von Baissen. Durchwachsene Stimmung ist eher normal und innerhalb einer Hausse kann die Stimmung über kurze Zeiträume relativ weit ausschlagen.

## Interpretieren Sie!

Ja, Nachrichten können eine gute Informationsquelle sein, aber nur wenn man weiß, wie man sie interpretieren und benutzen muss. Und dazu muss man wissen, was die Medienbranche ist und was sie nicht ist.

Die meisten Medien sind gewinnorientierte Unternehmen. Sie liefern Ihnen die Tageszeitung (falls sie zu den Verbliebenen gehören, die immer noch eine Printversion herausgeben) nicht in einem weißen Auto mit einem roten Kreuz auf der Seite. Sie haben es nicht auf das Wohl der Menschheit abgesehen, sondern sie wollen Profit einfahren. Das müssen sie sogar, sonst sind sie weg vom Fenster. Und daran ist auch nichts auszusetzen! Die Jagd nach Profiten ist richtig und edel. Sie ermöglicht es den Unternehmen, den Shareholder Value zu steigern, Mitarbeiter einzustellen, Löhne zu zahlen, Sozialleistungen zu bieten und so weiter. Das sind alles Dinge, die den Menschen gefallen.

Viele große Medienunternehmen verkaufen Abonnements, um sich über Wasser zu halten, und ein paar ganz wenige verkaufen sogar erfolgreich Online-Abonnements. Aber das, womit sie ihr täglich Brot verdienen, ist heute, war schon immer und wird auch immer der Anzeigenverkauf sein.

Um höhere Werbeeinnahmen zu erzielen, müssen sie gesehen werden. Von je mehr Augen sie gesehen werden, umso mehr sind ihre Werbekunden bereit, für den Werbeplatz zu bezahlen – ob nun online oder im Druck.

Sie haben bestimmt schon diesen Spruch oder einen ähnlichen gehört: „Blut ist der beste Aufmacher." Und das stimmt! Die Gestalter von Nachrichtensendungen wissen nämlich, dass niemand zuschaut, wenn sie die Abendnachrichten mit einer herzerwärmenden Story über eine Pfadfinderin eröffnen, die mit ihrem Aufsatz in Sozialkunde ein Stipendium über 1.000 Dollar gewonnen hat. Sie wissen, dass sie mit Chaos, Aufständen, Raub, Mord und Intrigen auffahren müssen.

Und das ist kein Zufall. Es liegt daran, dass sich der Mensch (wie in Kapitel 1 besprochen) so entwickelt hat, dass er überempfänglich für Gefahren ist (damit er Angriffen durch wilde Tiere, dem Hunger- oder Erfrierungstod et cetera besser entgehen kann).

Und deshalb unternehmen Anleger wegen ihrer evolutionsbedingten Reaktionen häufig etwas, um die Möglichkeit eines kurzfristigen Verlusts zu vermeiden – sogar wenn das bedeutet, sich dadurch langfristig eher zu schaden und sich überlegener Renditen zu berauben (wie gesagt, man nennt dieses Konzept auch „kurzsichtige Verlustaversion“).

Deshalb verkaufen sich schlechte Nachrichten so gut. Das ist einfach eine Tatsache. Man weiß es instinktiv. Wenn Nachrichtenmedien über negative Meldungen berichten, handelt es sich um eine rein geschäftliche Entscheidung, die Zuschauer beziehungsweise Leser anlocken soll. Und dagegen ist nichts einzuwenden! Wenn man gern Zeitung liest, möchte man, dass die Zeitung profitabel ist. Und wenn das Medium rentabel ist, bringt es als Erstes oft diejenigen Dinge, für die sich die Menschheit von Natur aus am meisten interessiert.

Anders gesagt: Wenn man das Positive herausstellt, kann das dem Profit Abbruch tun. Darum stimmt es wahrscheinlich, wenn Sie meinen: „Ich höre und lese bloß schlechte Nachrichten!“ Das liegt aber nicht unbedingt daran, dass die ganze Welt schlecht wäre. Es liegt vielmehr daran, dass die Medienunternehmen versuchen, möglichst viel Gewinn zu erzielen.

## Grundregeln für die gewinnbringende Interpretation von Nachrichten

Wenn Sie wissen, wie die Medien vorgehen und warum sie das tun, wie können Sie dann zum besseren Nachrichtenkonsumenten werden und tatsächlich etwas Nützliches herauslesen? Indem Sie sich an ein paar Grundregeln halten.

1. Die Medien melden Nachrichten – und die sind per definitionem etwas, das bereits geschehen ist. Aber die Aktien blicken nach vorne!
   Wenn die Medien etwas melden, ist es wahrscheinlich schon zu spät, auf die konkrete Meldung zu reagieren und daraufhin zu handeln.

2. Die Aktien spiegeln alle allgemein bekannten Informationen wider.
   Das heißt nicht, dass der Aktienmarkt kurzfristig immer richtigliegen würde. Das tut er nicht! Denn die Menschen liegen nicht immer richtig. Vielmehr spiegelt der Aktienmarkt verbreitete Ansichten wider.

3. Prinzipiell geht es bei der Vorhersage der Entwicklungsrichtung des Marktes darum, die relativen Erwartungen zu erkennen.
   Für die Vorhersage der Aktienkurse in den kommenden circa zwölf bis 24 Monaten kann die Wirklichkeit weniger wichtig sein als das erwartete Geschehen. Erkennen Sie, was die meisten Menschen erwarten, und leiten Sie daraus vernünftige Wahrscheinlichkeiten bezüglich dessen ab, was wahrscheinlich passieren wird. Das, was die Aktienkurse

treibt, ist die Kluft zwischen der Wirklichkeit und den Erwartungen.

4. Agieren Sie nicht konträr.
   Das kann zwar eine Versuchung sein, aber es bringt einem nicht mehr, als wenn man der Masse folgt. Nur weil die Medien etwas behaupten, muss noch lange nicht das genaue Gegenteil zutreffen. Vielleicht sind nur die erwarteten Auswirkungen über- oder untertrieben dargestellt. *Dass die Medien etwas sagen, heißt nicht, dass sie es auch meinen.* Machen Sie diese Aussage zu Ihrem Mantra.

5. Stellen Sie Daten immer in den richtigen Zusammenhang und ignorieren Sie den Standpunkt des Verfassers.
   Journalisten wissen, dass sie mit dem geradlinigen wer/was/wo/wann/warum/wie nicht unbedingt Aufmerksamkeit bekommen. Vielleicht bauen sie deshalb eine aufregende Erzählung ein, die zwar den Unterhaltungsfaktor steigert, aber vielleicht die Wirklichkeit verschleiert. Oder sie verwenden Anekdoten, die zwar reizvoll sind, aber nicht statistisch signifikant. Das ist auch in Ordnung so! Die meisten Menschen würden die Zeitung nicht lesen, wenn sie nur zum Gähnen anregen würde. Doch wenn man versucht, die wahrscheinliche Auswirkung auf den Markt zu bestimmen, ist der unterhaltende Faktor weniger nützlich. Streichen Sie im Geiste Adjektive und Adverbien durch, ignorieren Sie Anekdoten, außer wenn sie etwas Grundlegendes verdeutlichen, und isolieren Sie die Fakten. Und dann stellen Sie diese in den richtigen Zusammenhang. Bestimmen Sie die Zahl. Fragen Sie: „Wie wirkt sich das insgesamt aus?“

6. Seien Sie unpolitisch.
   Viele Menschen haben eine Ideologie, die sie für richtig halten. Und das ist in Ordnung! Aber eine Ideologie ist ebenfalls nur eine Form von Verzerrung, die einen blind machen kann.
   Denken Sie also möglichst nicht: „Nun ja, normalerweise bin ich mit diesen Leuten einer Meinung, und deshalb haben sie unfehlbar immer recht." Lesen Sie verschiedene Quellen, seien Sie skeptisch und geben Sie allen eine Chance.

Wenn Sie diese Grundregeln befolgen, werden Sie zum besseren und besser informierten Medienkonsumenten. Ignorieren Sie die Medien nicht, sondern nutzen Sie sie zu Ihrem Vorteil.

# Kapitel 17

## Zu schön, um wahr zu sein

„Da müssen Sie einfach einsteigen. Diese Anlage ist zu schön, um wahr zu sein!“

Warnung: Etwas, das zu schön ist, um wahr zu sein, ist meisten wirklich zu schön, um wahr zu sein.

In meinem Buch „How to Smell a Rat“ aus dem Jahr 2009 habe ich über die fünf Anzeichen für Finanzbetrug geschrieben. Im Jahr zuvor war der massive, milliardenschwere und jahrzehntelange Betrug von Bernard Madoff ans Licht gekommen – der dadurch noch tragischer wurde, weil er so leicht vermeidbar gewesen wäre. Wie das? Der wichtigste Entscheidungsträger war gleichzeitig der Verwahrer der Depots – das erste Anzeichen dafür, dass ein Ponzi-Betrug möglich ist.

Und was heißt das? Madoff war für die Entscheidungen verantwortlich, was für die Kundenportfolios wann gekauft und verkauft wurde. Und die Kunden legten ihr Vermögen bei Madoff Investment Securities ein. Da bewachte also der Fuchs den Hühnerstall.

Madoff gründete Madoff Securities im Jahr 1960. Damals – und es scheint heute, als wäre das immer so gewesen – war das ein echtes Brokerage-Unternehmen, welches sowohl an der NYSE als auch an der NASDAQ zu den größten Marketmakern für Wertpapiere gehörte. Die Brokerfirma für sich genommen war aber nicht das Problem. Das Problem war, dass Madoff sie *und* den Hedgefonds kontrollierte. Da er sowohl die Beratungsseite als auch die Depotseite kontrollierte, war es technisch gesehen für ihn überhaupt kein Problem, Belege zu fälschen und das Geld durch die Hintertür hinauszutragen – und das jahrelang!

Das ist die Grundstruktur aller finanziellen Ponzi-Betrügereien, die ich studiert habe. Entweder standen die Beratung und die treuhänderische Verwaltung letztlich unter einheitlicher Kontrolle oder der Berater besaß irgendeinen Einfluss auf den Verwahrer. Und es verblüfft mich, dass sich in der Flutwelle von

Berichten, die auf die Skandale um Madoff und Stanford folgte, kein einziger befand, der sich mit diesem entscheidenden Faktor befasste.

## Die Trennung zwischen Entscheidungsträger und Verwahrer

Wenn man die beiden trennt, also darauf beharrt, dass die Mittel bei einem separaten, landesweit bekannten Depotinstitut liegen, bei dem man sein Geld persönlich auf einem Konto einlegt, das auf den eigenen Namen (oder den eigenen und den des Ehepartners, auf den eigenen Treuhandfonds et cetera) lautet, macht man einen finanziellen Ponzi-Schwindel so gut wie unmöglich.

Trotzdem muss einen nicht jedes Unternehmen, das sowohl berät als auch verwahrt, unbedingt betrügen. Ich persönlich habe mein Unternehmen so eingerichtet, dass die beiden Funktionen voneinander getrennt sind, um meine Kunden davor zu schützen, dass Mitarbeiter über die Stränge schlagen. Oder dass ich selbst über die Stränge schlage! (Manchen Berichten zufolge hat Madoff nicht in betrügerischer Absicht angefangen. Er hat aber angefangen, Kontoauszüge zu fälschen, nachdem sich durch einen normalen Marktrückgang schlechte Erträge ergeben hatten. Jemand mit einem derart empfindlichen Ego hat in der Geldverwaltung für andere Menschen nichts zu suchen.) Es gibt aber auch legitime Gründe, aus denen ein Berater beschließen kann, auch Wertpapiere zu verwahren – ein Grund mehr, auf die vier anderen Anzeichen für möglichen Finanzbetrug zu achten:

1. Ihr Finanzberater verwahrt auch Ihre Anlagen.
2. Die Renditen sind immer großartig! Fast schon zu schön, um wahr zu sein.

3. Die Anlagestrategie ist unverständlich, undurchsichtig, schrill oder „zu kompliziert", als dass er (sie oder es) sie Ihnen problemlos erklären könnte.
4. Ihr Berater wirbt mit Vorteilen, zum Beispiel Exklusivität, die sich nicht auf die Ergebnisse auswirken.
5. Nicht Sie haben ausführliche Erkundigungen eingezogen, sondern ein Mittelsmann, dem Sie vertrauen.

Man sollte über alle Firmen, die man beauftragt, Erkundigungen einziehen. Eine Firma mit einem der oben aufgeführten Merkmale verdient allerdings einen genaueren Blick. Und ganz besonders müssen Sie sich hüten, wenn sich mehrere Anzeichen häufen. Lieber vorsichtig und sicher als leichtgläubig und verärgert.

Und die Idee, Renditen, die „zu schön sind, um wahr zu sein", könnten echt sein, kann einem ganz besonders schaden.

## Hoch und stetig ... und gefälscht

Hier gibt es grundsätzlich zwei Lager – und beide sollten Sie skeptisch machen. Einmal gibt es da die geradezu unheimlich stetigen Renditen. Dieses Spiel hat Madoff gespielt. Er meldete seinen Kunden in allen Jahren Renditen um die zehn bis zwölf Prozent. Der Markt ist massiv gestiegen? Seine Rendite betrug zehn bis zwölf Prozent. Der Markt ist massiv gefallen? Seine Rendite betrug trotzdem zehn bis zwölf Prozent. Sogar seine Monatserträge waren gleichmäßig.[1] Keine großartigen Verlustmonate oder Verlustjahre. Ein wahr gewordener Traum, der in Wirklichkeit ein Albtraum war – und so ist es normalerweise mit Renditen, die zu schön sind, um wahr zu sein.

Eine solche Gleichmäßigkeit wirkt wie ein Betäubungsmittel. Sie spricht unser Höhlenmenschen-Gehirn an und lässt uns nicht zu intensiv nachfragen – Schwindler hassen intensives Nachfragen. Aber eine derartige Gleichmäßigkeit sollte ein sofortiges Warnsignal sein.

Warum sollten zehn Prozent Jahresrendite alarmierend sein? Schließlich haben die Aktien über lange Zeiträume eine Rendite von zehn Prozent pro Jahr gebracht.[2] Aber das ist ein Durchschnittswert, der natürlich riesige Schwankungen beinhaltet. Eigentlich sind Jahre, in denen die Aktien Renditen um die zehn Prozent abwerfen, sogar ziemlich selten. Wie in Abbildung 7.1 in Kapitel 7 zu sehen, verzeichnen sie viel öfter große Anstiege oder Rückgänge. Wenn die eventuellen Opfer von Madoff das gewusst hätten – wenn ihnen absolut klar gewesen wäre, dass die Aktienrenditen von Natur aus schwanken –, wäre das für sie eine zusätzliche Schutzschicht gewesen, ebenso wie für viele andere Opfer unzähliger Betrügereien im Laufe der Jahre. Derart stetige Renditen sind nicht nur eine Abweichung von der Realität, sondern ein offenkundiges Zeichen dafür, dass etwas oberfaul sein könnte.

Nun würde das vermutlich nicht gelten, wenn die Renditen niedrig und gleichmäßig wären. Bei Portfolios mit geringerer kurzfristiger Volatilität (also mit einem kleineren Aktienanteil) kann es durchaus vorkommen, dass die Jahresrenditen weniger schwanken. Die Renditen erreichen dann aber nicht annähernd den langjährigen Durchschnitt von Aktien. Und sogar ein Portfolio mit einem hohen Anteil an festverzinslichen Wertpapieren kann Verlustjahre verzeichnen. Damit man keine negativen Jahresrenditen hätte – vor Berücksichtigung der Inflation –, bräuchte man schon ein Portfolio mit einem massiven Anteil an Bargeld oder Bargeldäquivalenten.

Ein Portfolio, dessen langfristige Renditen in etwa dem langjährigen Durchschnitt der Aktienrenditen entsprechen, dürfte im

Schnitt eine ähnliche Volatilität wie der Aktienmarkt aufweisen. Daran führt kein Weg vorbei. Seien Sie extrem misstrauisch, wenn Ihnen jemand ein Portfolio mit langfristig aktienähnlichen Renditen und minimaler Volatilität verkauft. Oder verlassen Sie besser sofort den Raum.

## Superhoch ... und ebenfalls gefälscht

Die zweite gängige Betrugstaktik ist das Versprechen riesiger, mega-überdimensionaler Renditen. Die bisher besprochene Taktik spricht unsere natürliche Abneigung gegen Volatilität an. Diese hier dreht sich schlicht und einfach um die Gier.

Dieses Spiel betrieb der überführte Betrüger Sir Stanford. Seine Bank mit Sitz in Antigua verkaufte Einlagezertifikate im Wert von acht Milliarden Dollar mit unmöglich hohen Zinsen – zeitweise über 16 Prozent! Echte Einlagezertifikate von echten Banken boten höchstens halb so hohe Zinsen.[3] Aber das haben im Laufe der Geschichte schon andere Schwindler so gemacht – sie garantierten riesige, weit über den Aktienrenditen liegende Erträge oder aber Erträge, die auf andere Weise für die zugrunde liegende Anlage unvernünftig hoch waren, und zwar oft für sehr kurzfristige Investments. Verdoppeln Sie Ihr Geld in drei Monaten! Solche Sachen eben.

Warnsignale gibt es viele. Zunächst einmal kann einem niemand irgendetwas rechtlich garantieren. Ja schon, Schatzanleihen sind insofern garantiert, als hinter der Zahlung von Zins und Tilgung der US-amerikanische Staat mit seiner vollen Kreditwürdigkeit steht. Und wenn man eine Staatsanleihe kauft und sie bis zur Fälligkeit hält, verspricht einem die US-Regierung, dass man sein Grundkapital und pünktliche Zinszahlungen erhält. Wenn man sie jedoch vor dem Ende der Laufzeit verkauft, kann man damit

Verlust machen (siehe Kapitel 1). Jegliches Anlageversprechen von jemand anderem als dem amerikanischen Staat sollte man als Schwindel betrachten.

Sogar Annuitäten, die mit Garantien versehen sein können, weil es sich dabei um Versicherungsverträge handelt, beinhalten die Warnung, dass die Annuität nur so gut ist wie die Solvenz des Versicherungsunternehmens. (Mehr über Annuitäten und weshalb sie normalerweise keine gute Alternative für Anleger sind, die langfristiges Wachstum anstreben, finden Sie in den Kapiteln 15 und 16 in meinem Buch „Debunkery“ von 2009.)

Schwindeleien, die zu schön sind, um wahr zu sein, betreffen aber nicht nur Standard-Anlageinstrumente wie Aktien, Anleihen, Einlagezertifikate und so weiter. Ich kann Ihnen zwar nichts garantieren, denn das kann wie gesagt niemand und sollte auch niemand tun. Ich kann Ihnen aber annähernd garantieren, dass jemand, der mit einer Anlage an sie herantritt, mit der Sie nichts verlieren, aber garantiert superhohe Erträge einfahren können, sehr wahrscheinlich ein Schwindler ist.

## Schwindler jeder Couleur

Mit dem sogenannten „nigerianischen“ Betrug (auch als 419-Betrug bekannt, nach der betreffenden Sektion des nigerianischen Strafgesetzbuchs) sind ja die meisten Leser inzwischen hoffentlich vertraut. Das waren normalerweise durchschaubare, schlecht formulierte E-Mail-Aufrufe von jemandem, der behauptete, er sei eine in Ungnade gefallene königliche Person, die Hilfe brauche, um 25 Millionen Dollar aus einer vom Krieg geschüttelten Nation herauszuschaffen. Es gibt ja viele Derivate, aber eines sollten Sie wissen: Wenn Sie jemand um einen Vorschuss bittet, um mehr Geld freizusetzen, als er mit Ihnen teilen möchte, dann ist das ein Schwindel.

Andere Betrügereien liegen abgesehen von der rechtlich nicht vertretbaren Garantie unrealistischer Renditen nicht so klar auf der Hand. Zum Beispiel der Betrug mit dem Irakischen Dinar: Per E-Mail oder Internetwerbung werden die Opfer aufgefordert, Irakische Dinar zu kaufen. Und es ist ja legitim, Geld zu tauschen, wenn man im Irak echte Geschäfte macht. Aber die meisten Dinar-Wechselangebote im Internet waren offenkundiger Betrug. Und jeder, der Ihnen riesige Renditen aus Arbitragegeschäften mit irgendeiner Währung verspricht, ist wahrscheinlich ein Schwindler.

Seit einigen Jahren ist auch der Schwindel mit der Rückvermietung von Geldautomaten beliebt. Dabei bietet einem der Betrüger an, in Ihrem Auftrag Geldautomaten zu kaufen, die Sie ihm dann zurückvermieten. Er managt die Automaten für Sie und verspricht Ihnen garantierte monatliche Einnahmen. Sie können legal Geldautomaten kaufen und managen, aber das ist nicht, was hier passiert. Man erkennt den Betrug daran, dass einem der Schwindler sagt, er brauche eine Anzahlung von 12.000 Dollar oder mehr, um den Automaten zu kaufen – in Wirklichkeit kostet ein Geldautomat jedoch viel weniger, vielleicht 2.000 bis 5.000 Dollar. Außerdem garantiert der Schwindler einen monatlichen Gewinn, was er natürlich nicht kann. Wenn Sie sich gegen Betrugskünstler wappnen wollen, können Sie bei der Betrugsabteilung des FBI die momentan populären Betrügereien durchsehen (www.fbi.gov/scams-safety/fraud).

Bei allen Betrügereien kommt es vor, dass der Schwindler den Opfern jeden Monat oder in jedem Quartal Schecks schickt – zumindest am Anfang – und sie dadurch in dem Glauben wiegt, die Sache sei echt. Hierbei handelt es sich aber nur selten um eine Investmentrendite, sondern wahrscheinlich eher um das Geld neuer Opfer – das klassische Schneeball- oder Pyramidensystem.

Vielleicht versucht der Betrüger, seine ersten Opfer bei Laune zu halten, weil er sie benutzen kann, um seinen Schwindel zukünftigen Opfern zu verkaufen. Oft benutzen Schwindler ihre Opfer, um an deren Bekanntenkreis heranzukommen. Ihre Freunde, Kollegen und/oder Ihre Kirchengemeinde kennen zwar vermutlich den Betrüger nicht, aber sie kennen Sie! Und sie vertrauen Ihnen. Und wenn Sie ein paar Schecks bekommen haben und damit glücklich sind, ist das ein großes Vertrauensvotum für den Betrüger. Er kann dieses Vertrauen dann ausnutzen, um aus Ihren Freunden noch mehr Geld herauszuholen. Das ist ein schmutziges Spiel.

Und die Moral von der Geschicht'? Etwas, das zu schön ist, um wahr zu sein, ist es fast immer wirklich. Und das ist kein Mythos.

# Anmerkungen

## Kapitel 1: Anleihen sind sicherer als Aktien

1. Der S&P 500 Total Return Index basiert auf GFD-Berechnungen der Gesamtrenditen vor 1971. Dabei handelt es sich um Schätzungen von GFD zwecks Berechnung des S&P Composite vor 1971 und nicht um offizielle Angaben. GFD hat für die Berechnung der Gesamtrenditen des S&P Composite Zahlen der Cowles Commission und von S&P selbst verwendet, bis 1970 den S&P Composite Price Index und die Dividendenrenditen, von 1971 bis 1987 die offiziellen monatlichen Zahlen und ab 1988 die offiziellen täglichen Zahlen.
2. Ebenda.
3. Ebenda.
4. Ebenda.
5. Global Financial Data, Inc., Stand 10.07.2012, S&P 500 Total Return Index, 10-Year US Government Total Return Index vom 31.12.1925 bis zum 31.12.2011; siehe Anmerkung 1.
6. Ebenda.
7. Ebenda.
8. Warner, Jeremy: „High Energy Prices Need Not Mean Doom“, in: *Sydney Morning Herald*, 21. Januar 2011.
9. Internationaler Währungsfonds, World Economic Outlook Database, Oktober 2012, von 1980 bis 2012 (Schätzung), auf Basis des festgeschriebenen Dollarwerts 2005.

## Kapitel 2: Faustregeln für die Asset Allocation

1. Brinson, Gary P., L. Randolph Hood und Gilbert L. Beebower: „Determinants of Portfolio Performance“, in: *Financial Analysts Journal*, Juli/August 1986.

2. Global Financial Data, Inc., Stand 22.05.2012, annualisierter Durchschnitt des Consumer Price Index vom 31.12.1925 bis zum 31.12.2011.

## *Kapitel 4: Volatiler denn je*

1. Global Financial Data, Inc., Stand 20.09.2012, S&P 500 Total Return Index vom 31.12.2007 bis zum 31.12.2008 und vom 31.12.2008 bis zum 31.12.2009.
2. Global Financial Data, Inc., Stand 20.09.2012, S&P 500 Total Return Index vom 31.12.1925 bis zum 31.12.2011. Der S&P 500 Total Return Index basiert auf GFD-Berechnungen der Gesamtrenditen vor 1971. Dabei handelt es sich um Schätzungen von GFD zwecks Berechnung des S&P Composite vor 1971 und nicht um offizielle Angaben. GFD hat für die Berechnung der Gesamtrenditen des S&P Composite Zahlen der Cowles Commission und von S&P selbst verwendet, bis 1970 den S&P Composite Price Index und die Dividendenrenditen, von 1971 bis 1987 die offiziellen monatlichen Zahlen und ab 1988 die offiziellen täglichen Zahlen.
3. Siehe Kapitel 1, Anmerkung 1.
4. Global Financial Data, Inc., Stand 20.09.2012, S&P 500 Total Return Index vom 31.12.1931 bis zum 31.12.1932; siehe Kapitel 1, Anmerkung 1.
5. Global Financial Data, Inc., Stand 20.09.2012, S&P 500 Total Return Index vom 31.12.1932 bis zum 31.12.1933; siehe Kapitel 1, Anmerkung 1.
6. Global Financial Data, Inc., Stand 20.09.2012, S&P 500 Total Return Index vom 31.12.1997 bis zum 31.12.1998; siehe Kapitel 1, Anmerkung 1.

7. Global Financial Data, Inc., Stand 20.09.2012, S&P 500 Total Return Index vom 31.12.2009 bis zum 31.12.2010, siehe Kapitel 1, Anmerkung 1.
8. Global Financial Data, Inc., Stand 20.09.2012, S&P 500 Total Return Index vom 31.12.1979 bis zum 31.12.1980; siehe Kapitel 1, Anmerkung 1.
9. Global Financial Data, Inc., Stand 20.09.2012, S&P 500 Total Return Index vom 31.12.1976 bis zum 31.12.1977; siehe Kapitel 1, Anmerkung 1.
10. Global Financial Data, Inc., Stand 20.09.2012, S&P 500 Total Return Index vom 31.12.1952 bis zum 31.12.1953; siehe Kapitel 1, Anmerkung 1.
11. Global Financial Data, Inc., Stand 20.09.2012, S&P 500 Total Return Index vom 31.12.2004 bis zum 31.12.2005; siehe Kapitel 1, Anmerkung 1.
12. Global Financial Data, Inc., Stand 20.09.2012, S&P 500 Total Return Index vom 31.12.1950 bis zum 31.12.1951; siehe Kapitel 1, Anmerkung 1.
13. Global Financial Data, Inc., Stand 20.09.2012, S&P 500 Total Return Index vom 31.12.1972 bis zum 31.12.1973; siehe Kapitel 1, Anmerkung 1.

## *Kapitel 5: Der Heilige Gral – die Bewahrung und Mehrung des Kapitals*

1. Global Financial Data, Inc., Stand 22.05.2012, annualisierter Durchschnitt des Consumer Price Index vom 31.12.1925 bis zum 31.12.2011.
2. Bloomberg Finance, L.P., Stand 25.10.2012.
3. Ebenda.

## *Kapitel 6: Der Crash aufgrund der Diskrepanz zwischen BIP und Börse*

1. Global Financial Data, Inc., Stand 10.07.2012, S&P 500 Total Return Index, die annualisierte Rendite vom 31.12.1925 bis zum 31.12.2011 beträgt 9,7 Prozent. Der S&P 500 Total Return Index basiert auf GFD-Berechnungen der Gesamtrenditen vor 1971. Dabei handelt es sich um Schätzungen von GFD zwecks Berechnung des S&P Composite vor 1971 und nicht um offizielle Angaben. GFD hat für die Berechnung der Gesamtrenditen des S&P Composite Zahlen der Cowles Commission und von S&P selbst verwendet, bis 1970 den S&P Composite Price Index und die Dividendenrenditen, von 1971 bis 1987 die offiziellen monatlichen Zahlen und ab 1988 die offiziellen täglichen Zahlen.
2. US Bureau of Economic Analysis, Stand 31.12.2011.
3. Siehe Kapitel 1, Anmerkung 1.
4. Siehe Kapitel 1, Anmerkung 1.

## *Kapitel 7: Immer und ewig zehn Prozent!*

1. Siehe Kapitel 1, Anmerkung 1.
2. Bankrate.com, Stand 12.11.2012.
3. Bloomberg Finance, L.P., Stand 25.10.2012; Global Financial Data, Inc., Stand 22.05.2012; Rendite des Consumer Price Index vom 31.12.1925 bis zum 31.12.2011.
4. Bank of America Merrill Lynch US Corporate AAA 7-10 Year Index, Stand 12.09.2012.
5. Bank of America Merrill Lynch US Corporate High-Yield 7-10 Year Index, Stand 12.09.2012.

## *Kapitel 9: Die dauerhafte Überlegenheit von Small-Cap-Value-Aktien*

1. Ibbotsen, Ibbotsen US Small Stock Total Return, S&P Total Return vom 01.02.1926 bis zum 30.09.2012.
2. Russell 2000, Russell 2000 Value, Russell 2000 Growth, MSCI EAFE; Barclays Aggregate, S&P/Citigroup Primary Growth, S&P/Citigroup Primary Value, S&P 500 Value vom 31.12.1990 bis zum 31.12.2010. Alle Renditen sind Gesamtrenditen, nur die des MSCI EAFE ist eine Nettorendite. Der S&P/Citigroup Primary Value Index misst die Performance des Value-Stils der Anlage in Large-Cap-US-Aktien. Der Index unterteilt die 80 Prozent nach Marktkapitalisierung größten US-Unternehmen anhand des Stils in einen Value-Index. Der S&P/Citigroup Primary Growth Index misst die Performance des Growth-Anlagestils in Large-Cap-US-Aktien. Der Index unterteilt die 80 Prozent nach Marktkapitalisierung größten US-Unternehmen anhand des Stils in einen Growth-Index.

## *Kapitel 10: Warten Sie, bis Sie sicher sind*

1. Siehe Kapitel 1, Anmerkung 1.
2. Siehe Kapitel 1, Anmerkung 1.
3. Siehe Kapitel 1, Anmerkung 1.
4. Siehe Kapitel 1, Anmerkung 1.
5. Global Financial Data, Inc., Stand 25.10.2012, Preisrenditen des S&P 500.

## *Kapitel 12: Hohe Arbeitslosigkeit ist für Aktien tödlich*

1. Siehe Kapitel 1, Anmerkung 1.
2. Thomson Reuters, US Bureau of Economic Analysis, Stand 15.05.2012.
3. Thomson Reuters, Personal Consumption Expenditures, Stand 31.12.2012.

## *Kapitel 13: Das überschuldete Amerika*

1. Folgende Länder wurden zu den angegebenen Daten von AAA herabgestuft: Belgien, Irland, Finnland, Italien, Portugal und Spanien am 06.05.1998; Japan am 22.02.2001; Spanien am 19.01.2009; Irland am 30.03.2009; die USA am 05.08.2011; Frankreich und Österreich am 13.01.2012.
2. Internationaler Währungsfonds, World Economic Outlook Database, April 2012.

## *Kapitel 14: Dollar stark, Aktien stark*

1. Internationaler Währungsfonds, World Economic Outlook Database, April 2012.
2. Der handelsgewichtete Index für den US-Dollar wird von der Federal Reserve berechnet. Der Indexwert wird für 1975 bis 1976 auf 100 gesetzt und zehn Länder werden in die Berechnung des Index einbezogen. Der Index gewichtet die G-10-Länder (Belgien, Deutschland, Frankreich, Italien, Japan, Kanada, Niederlande, Schweden, Schweiz und

Großbritannien) nach der Summe des Welthandels der Länder von 1972 bis 1976.

3. Siehe Kapitel 1, Anmerkung 1.
4. Der handelsgewichtete Index für den US-Dollar wird von der Federal Reserve berechnet. Der Indexwert wird für 1975 bis 1976 auf 100 gesetzt und zehn Länder werden in die Berechnung des Index einbezogen. Der Index gewichtet die G-10-Länder (Belgien, Deutschland, Frankreich, Italien, Japan, Kanada, Niederlande, Schweden, Schweiz und Großbritannien) nach der Summe des Welthandels der Länder von 1972 bis 1976.
5. Siehe Kapitel 1, Anmerkung 1.

## *Kapitel 15: Turbulenzen irritieren die Aktien*

1. Blake, Eric S., Christopher W. Landsea und Ethan J. Gibney: „The Deadliest, Costliest and Most Intense United States Tropical Cyclones from 1851 and 2010 (And Other Frequently Requested Hurricane Facts)“, NOAA Technical Memorandum NWS NHC-6, August 2011.
2. Ebenda.
3. Global Financial Data, Inc., Stand 27.06.2012, S&P 500 Total Return Index vom 31.12.1926 bis zum 31.12.2011. Der S&P 500 Total Return Index basiert auf GFD-Berechnungen der Gesamtrenditen vor 1971. Dabei handelt es sich um Schätzungen von GFD zwecks Berechnung des S&P Composite vor 1971 und nicht um offizielle Angaben. GFD hat für die Berechnung der Gesamtrenditen des S&P Composite Zahlen der Cowles Commission und von S&P selbst verwendet, bis 1970 den S&P Composite Price Index und die Dividenden-

renditen, von 1971 bis 1987 die offiziellen monatlichen Zahlen und ab 1988 die offiziellen täglichen Zahlen.

## *Kapitel 17: Zu schön, um wahr zu sein*

1. Berenson, Alex: „Even Winners May Lose With Madoff", in: *New York Times*, 18. Dezember 2008.
2. Global Financial Data, Inc., Stand 10.07.2012, S&P 500 Total Return Index, die annualisierte Rendite vom 31.12.1925 bis zum 31.12.2011 beträgt 9,7 Prozent. Der S&P 500 Total Return Index basiert auf GFD-Berechnungen der Gesamtrenditen vor 1971. Dabei handelt es sich um Schätzungen von GFD zwecks Berechnung des S&P Composite vor 1971 und nicht um offizielle Angaben. GFD hat für die Berechnung der Gesamtrenditen des S&P Composite Zahlen der Cowles Commission und von S&P selbst verwendet, bis 1970 den S&P Composite Price Index und die Dividendenrenditen, von 1971 bis 1987 die offiziellen monatlichen Zahlen und ab 1988 die offiziellen täglichen Zahlen.
3. *Securities and Exchange Commission v. Stanford International Bank, et. al.*, Case No. 3:09-cv-0298-N, gestellt am 29.02.2009.

# Danksagungen

Die Entlarvung von Investment-Mythen ist für mich sowohl ein Hobby als auch eine berufliche Notwendigkeit. Das ist meines Erachtens eine der leichteren Möglichkeiten, wie Anleger schnell etwas gegen ihre Fehlerquote tun und bessere Anlageergebnisse erzielen können. Aber nur wenige Menschen wissen überhaupt, dass sie infrage stellen sollten, was sie (und die meisten Menschen) für wahr halten. Deshalb erscheint mir ein Buch über Marktmythen als passender nächster Feldzug in meinem Krieg gegen die Investment-Mythologie.

Wie immer muss ich Lara Hoffmans danken, die mir bei diesem und meinen letzten sechs Büchern treue Dienste geleistet hat. Ich mache den angenehmen Teil, Entwurf, Stil und Bearbeitung, ihr bleibt die Schufterei übrig, damit aus dem Buch etwas wird.

Lara hat in meiner Firma einen weiteren Vollzeitjob und wenn sie sich auf meine Bücher konzentriert, wird sie von einer sehr talentierten Autorenmannschaft unterstützt, unter anderem Todd Bliman (dem Manager der Gruppe), Elisabeth Dellinger, Naj Srinavas und Amanda Williams. Wenn sie nicht so gut wären, könnte Lara das nicht machen. Amanda hat wieder doppelte Arbeit geleistet, denn sie hat das Buch inhaltlich und bezüglich verderblicher Tippfehler bearbeitet. *Die Autorenmannschaft* wiederum wird mit editorischer Fachkenntnis vom Rest des Content-Teams unterstützt, unter anderem Mary Holdener, Emily Whitney und Jake Gamble.

Wieder einmal haben Jessica Wolfe und Danielle Lynch die ganzen Zahlen und Grafiken unter der Aufsicht von Matt Schrader, dem Leiter unseres Research-Analystenteams, geliefert. In einem auf Zahlen basierenden Buch, das die Marktmythologie anhand von Fakten und Grundlagen umstößt, müssen die Zahlen genau stimmen. Jessica und Danielle haben das mit Professionalität und Eleganz bewältigt.

Dave Eckerly, Fab Ornani und Molly Lienesch sind das Crack-Team, das mich bei der Öffentlichkeitsarbeit, im Web-Marketing und Branding unterstützt – und dazu beiträgt, dass die Welt von diesem Buch erfährt.

Andrew Teufel (Vice Chairman), Jeff Silk (ebenfalls Vice Chairman), Aaron Anderson und William Glaser treffen zusammen mit mir die Portfolioentscheidungen für die Kunden meiner Firma. Sie haben zwar nichts zu dem Buch beigetragen, aber auf jeden Fall zu meinen Ansichten über den Markt. Steve Triplett und Damian Ornani leiten das Tagesgeschäft in meiner Firma – die ohne die gemeinsamen Anstrengungen dieser sechs feinen Herren nicht so erfolgreich sein könnte. Und wenn meine Firma nicht erfolgreich wäre, würde es niemanden interessieren, was ich schreibe.

Vielen Dank auch an mein hervorragendes Team bei Wiley & Sons. Mit mir ist nicht immer leicht auszukommen, aber sie behaupten immer freundlich, dem sei nicht so. Dank an unsere sehr geduldige Lektorin Laura Walsh und das restliche Team – Judy Howarth, Sharon Polese, Nancy Rothschild, Jocelyn Cordova-Wagner und Tula Batanchiev. Vielen Dank an meinen hervorragenden Agenten Jeff Herman, der mich zu John Wiley & Sons geführt hat.

Das Wichtigste zum Schluss: Ich bin meiner Frau Sherrilyn, mit der ich seit 42 Jahren verheiratet bin, für ihre Unterstützung und Geduld ewig dankbar.

*Ken Fisher*
*Woodside, Kalifornien*

# Über die Autoren

**Ken Fisher** ist vor allem für seine renommierte Kolumne „Portfolio Strategy“ im Magazin *Forbes* bekannt. Seit 28 Jahren gibt er hochkarätige Ratschläge und gehört damit in der 90-jährigen Geschichte der Zeitschrift zu den vier am längsten dort tätigen Kolumnisten. Er ist Gründer, Vorsitzender und CEO von Fisher Investments, einer unabhängigen globalen Vermögensverwaltung, die zig Milliarden Dollar von Privatpersonen und Institutionen aus aller Welt managt. Fisher stand in der *Forbes*-Liste der 400 reichsten Amerikaner 2012 auf Platz 271 und in der Liste der weltweiten Milliardäre auf Platz 764. Die Zeitschrift *Investment Advisor* wählte ihn 2010 unter die 30 einflussreichsten Persönlichkeiten der letzten drei Jahrzehnte. Fisher hat zahlreiche Fachartikel und wissenschaftliche Artikel geschrieben, unter anderem den preisgekrönten Beitrag „Cognitive Biases in Market Forecasting“. Außerdem hat er vor dem vorliegenden bereits neun weitere Bücher veröffentlicht, darunter die landesweiten Bestseller „Das zählt an der Börse: Investieren mit Wissen, das die anderen nicht haben“, „The Ten Roads to Riches“, „How to Smell a Rat“, „Debunkery“ und „Markets Never Forget (But People Do)“, alle bei Wiley erschienen. Zahlreiche bedeutende amerikanische, britische und deutsche Finanzorgane haben Fisher veröffentlicht, interviewt und/oder über ihn geschrieben. Er schreibt eine wöchentliche Kolumne für das führende deutsche Finanz- und Wirtschaftsmagazin *Focus Money*.

**Lara Hoffmans** ist Vice President of Content bei Fisher Investments und Chefredakteurin von MarketMinder.com, sie schreibt regelmäßig Beiträge für Forbes.com und hat die Bestseller „Das zählt an der Börse: Investieren mit Wissen, das die anderen nicht haben“, „The Ten Roads to Riches“, „How to Smell a Rat“, „Debunkery“ und „Markets Never Forget (But People Do)“ mitverfasst. Sie hat einen Abschluss von der University of Notre Dame und lebt derzeit in Camas im US-Bundesstaat Washington.